Classiques & Contemporains

Collection animée par
Jean-Paul Brighelli et Michel Dobransky

W0186123

Paul Verlaine
Confessions

Présentation, notes, questions et après-texte établis par

JOCELYNE HUBERT
professeur de Lettres

MAGNARD

Sommaire

BIOGRAPHIE DE PAUL VERLAINE

Paul Verlaine, poète de grand chemin[1]

« Prince des Poètes » ou « pédéraste assassin »[2] ? Verlaine lui-même, relatant sa vie, hésite entre une « histoire de brigands » et un « conte de fées » (p. 101). Le raccourci poétique de Fargue présente l'avantage de lier ce que les biographes tentent de dissocier. « Poète de grand chemin » connote le brigand (ou le vagabond) et le poète de grande envergure. Verlaine, tout au long de sa vie, oscille en effet entre errances et embourgeoisement, entre l'amour des femmes et la passion des garçons. L'œuvre en vers, en prose, ou en « notes » autobiographiques, témoigne de ces contradictions, en même temps que de la « fatale inféodation à cette tant aimée coquine de littérature »[3].

Les premières errances de Verlaine tiennent au métier de son père, militaire de carrière. Un « hasard de garnison » le fait naître à Metz le 30 mars 1844. La démission paternelle interrompt les fréquentes mutations et fixe la famille à Paris, quartier des Batignolles (1849). L'enfant unique y est choyé et gâté à l'extrême, notamment par sa cousine Élisa. À 7 ans, il sait lire et commence des études, en internat, à l'institution Landry, puis au lycée Bonaparte (Condorcet aujourd'hui). Le sevrage affectif est douloureux, les conditions de vie carcérales, et l'enseignement médiocre ; mais à 18 ans, Verlaine est bachelier. Il renonce

1. Formule empruntée à Léon-Paul Fargue in « Préface aux *Confessions* de Verlaine », éd. du Bateau ivre, coll. « Chefs-d'œuvre d'hier », 1946.
2. Edmond de Goncourt, *Journal* du 27 janvier 1895, soit quelques mois après le titre de « Prince des Poètes », décerné par ses pairs à Verlaine.
3. Verlaine, *Souvenirs sur Théodore de Banville*, 1891.

rapidement à des études de droit, obtient un emploi de bureau à la mairie du IXᵉ arrondissement puis à l'Hôtel de Ville, et commence à fréquenter salons littéraires et cafés. Les découvertes de la poésie et de l'absinthe, « l'atroce sorcière verte » (p. 114), coïncident avec les deuils du père et d'Élisa, la cousine bien-aimée.

Commence alors pour Verlaine, âgé de 22 ans, une carrière de poète dont les publications ponctuent les moments forts de l'existence : *La Bonne Chanson* (1870) marque le temps des fiançailles, *Romances sans paroles* (1874) les vagabondages avec Rimbaud, et *Sagesse* (1880) l'expérience carcérale. Dans les mêmes temps, il bat sa femme, manque d'étrangler sa mère, et tire des coups de pistolet sur Rimbaud qui veut le quitter. Sa condamnation judiciaire pour tentative d'assassinat, et morale pour homosexualité (1873), lui fait perdre un emploi de professeur, l'empêche de réintégrer l'administration et lui barre l'entrée à l'Académie française.

Pourtant, l'admiration des poètes et la sympathie populaire pour l'ancien communard ne se dément pas : on lui rend visite dans les salles communes des hôpitaux où il soigne ses rhumatismes, on assiste à ses « mercredis » dans les chambres d'hôtel, on se cotise pour lui verser une pension et le jour de ses obsèques (9 janvier 1896), des milliers de Parisiens, et certains des plus prestigieux, se pressent au cimetière des Batignolles pour rendre hommage à « cet homme unique dans notre littérature, qui sut se servir des mots les plus simples, des tournures les plus ingénues et de la candeur la plus désarmante pour nous dire presque tout. Presque tout ce qui compte. »[1]

1. L.-P. Fargue, *op. cit.*

CONTEXTE HISTORIQUE ET LITTÉRAIRE DES *CONFESSIONS*

Les historiens ont coutume de nommer le XIXe siècle, « le siècle des révolutions » : les régimes politiques s'y bousculent périodiquement, ponctués de retours à l'ordre.

1799-1814 : le coup d'État de Napoléon met fin à la Révolution et à la Ire République. Pendant 15 ans, les guerres de conquête se succèdent.

1814-1830 : la restauration monarchique consolide le pouvoir de la bourgeoisie qui fonde les bases du capitalisme moderne au détriment des classes populaires. Celles-ci se soulèvent (les « Trois Glorieuses ») et chassent Charles X. Louis-Philippe lui succède et inaugure une monarchie parlementaire qui renforce encore l'écart des classes.

1830-1848 : la monarchie de Juillet voit l'essor du capitalisme industriel, l'aggravation des conditions de vie ouvrières et la poursuite des guerres coloniales (conquête de l'Algérie). Un soulèvement populaire en février 1848 renverse Louis-Philippe et instaure la IIe République.

1848-1852 : la IIe République commence dans l'euphorie révolutionnaire : abolition de la peine de mort et de l'esclavage, instauration du suffrage universel. Elle se poursuit dans des convulsions sanglantes suivies de l'élection de Louis Napoléon, avant de mourir sous les coups de son sauveur (2 décembre 1851).

1852-1870 : la stabilité du Second Empire s'enracine dans l'enrichissement intérieur et le développement bancaire, tandis qu'à l'extérieur se succèdent les guerres de Crimée (1854), d'Italie (1859), du Mexique (1861-1867). Sans oublier la guerre de Sécession aux États-Unis (1861-1865) ni les « expéditions » coloniales en direction de l'Afrique (Sénégal) et de l'Extrême-Orient (Chine). Bientôt la France déclare la guerre à la Prusse qui l'emporte à Sedan, où Napoléon III est fait prisonnier (2 septembre 1870).

Mars-mai 1871 : la chute de l'empereur et de l'Empire entraîne la proclamation de la IIIe République et la formation d'un gouvernement de la Défense nationale. La guerre continue, Paris est assiégé, une partie de la France occupée. Le gouvernement, réfugié à Bordeaux, signe l'armistice, tandis qu'un sursaut populaire, refusant la défaite, aboutit à la formation d'un gouvernement révolutionnaire : la Commune de Paris sauvagement réprimée par les troupes versaillaises conduites par Mac-Mahon.

1871-1940 : née au lendemain de la capitulation devant les Prussiens, la IIIe République persiste jusqu'à la capitulation devant l'Allemagne nazie (en ayant survécu à la guerre de 1914-1918). À la mort de Verlaine, en 1896, elle aura vu se succéder à sa présidence Mac-Mahon, Jules Grévy, Sadi-Carnot et Casimir Perier. De cette période date la naissance du syndicalisme : la CGT est créée en 1895.

Verlaine n'aimait guère les écoles et refusait pour lui-même les étiquettes, mais de même que l'évolution personnelle de l'homme est liée à celle de la République – enterrant définitivement en France monarchies et empires – l'œuvre du poète coïncide avec l'affirmation du courant symboliste qui met fin à près d'un siècle de romantisme.

On peut en effet sans simplification abusive associer l'Empire et la Restauration au romantisme contestataire et aristocratique (Mme de Staël, Chateaubriand). À partir de 1830, le mouvement romantique reste contestataire en moins aristocratique et plus social (Stendhal, Musset). L'ensemble de *La Comédie humaine* d'Honoré de Balzac fournit un tableau complet de la société de cette époque. Par la diversité des personnages récurrents, cette œuvre colossale donne à voir et à entendre les rêves, les ambitions et les destinées de la génération romantique. L'échec de 1848 marque le déclin du mouvement. En 1856, paraît un recueil de Victor Hugo : *Les Contemplations*, sommet de l'art lyrique. Ce recueil échappe à l'étiquette romantique qui s'attachait aux oeuvres précédentes du maître. L'année suivante, la publication des *Fleurs du Mal* de Baudelaire et du roman *Madame Bovary* de Flaubert confirme le bouleversement esthétique qui voit le romantisme se dissoudre dans le symbolisme (Mallarmé) ou le naturalisme (Zola). Verlaine appartient à cette génération qui découvre la poésie avec les œuvres nouvelles de Hugo et de Baudelaire, ses maîtres avoués (qu'il dépasse en audace technique), et s'engage à l'âge adulte dans les expérimentations des « Hydropathes », des « Hirsutes » et autres « Zutistes » qui remettent en cause (à la suite de Baudelaire et Gautier) les canons de la poésie romantique. De salons littéraires en estaminets, Verlaine a croisé – en mots ou en chair – tous les poètes de son temps ; son œuvre porte parfois la marque de leur influence (Hugo, Baudelaire, Banville, Rimbaud), mais sa voix est unique. Elle a inspiré des musiciens « classiques » (Debussy) et des chanteurs contemporains (Ferré). Sa modernité de poète fait écho à la modernité des peintres. On a souvent parlé de « l'impressionnisme » verlainien, dont le poème « Soleil couchant » (in *Poèmes saturniens*, 1866) précède de peu *Impression, soleil levant* (1872) de Claude Monet qui donnera son nom aux « impressionnistes ».

On verra dans ses *Confessions* que les scènes d'intérieur, comme les paysages rencontrés, évoquent davantage Courbet, Manet, voire Van Gogh, autre « maudit » de la société comme Verlaine se considère lui-même[1]. S'il n'a pas eu la reconnaissance sociale d'un Hugo ou d'un Zola, il le doit d'abord à sa vie « scandaleuse » (alcoolisme violent et homosexualité avouée). Mais il fut reconnu de son vivant par ses pairs « parnassiens », « symbolistes » ou « décadents » (le jour de ses obsèques, Mallarmé prononça un discours sur la tombe). Un siècle après sa mort, sa musique si particulière touche et touchera encore de nouveaux lecteurs parce qu'il y aura toujours « un adolescent qui pleurera dans un coin, des ombres qui passeront dans un parc, même si les arbres sont en duralumin. Il y aura toujours des étreintes avortées, des femmes qui voudront tuer leurs amants et des pauvres sur les marches des églises pour attendre la sortie de Dieu. »[2]

1. Dans son recueil des *Poètes maudits* (1884-1888), Verlaine figure, sous le pseudonyme de « Pauvre Lélian », aux côtés de Rimbaud, Mallarmé, Corbière et Marceline Desbordes-Valmore.
2. L.-P. Fargue, *op. cit.*

RÉSUMÉ DES *CONFESSIONS*

Les *Confessions* de Verlaine font partie d'une œuvre biographique importante publiée parallèlement à d'autres œuvres (vers, prose, articles critiques) qui démentent la légende du poète déchu tout autant que celle du pécheur repenti. Sur les photographies montrant un Verlaine avachi sur les banquettes des cafés où il « ruminait ses faiblesses » et « ronflait ses remords »[1], on oublie de voir l'encrier à côté du verre d'absinthe. On oublie que les « cuites » ont commencé de bonne heure (p. 113), tout comme les « garçonneries » (p. 84), et que ses dernières « dames » de cœur furent aussi les premières (p. 95). L'intérêt des *Confessions* dépasse l'anecdote croustillante. Une autobiographie est d'abord une antibiographie : là où le biographe recense de manière exhaustive, l'auteur[2] « en choisissant, élaguant, éludant » (p. 17, l. 4) crée une œuvre littéraire d'un genre spécifique dont se réclame Verlaine. On trouve chez lui, comme chez ses illustres devanciers, la singularité d'un individu sur fond d'histoire collective. Les *Notes sur [sa] vie*, couvrant les vingt-sept premières années, ont pour cadre historique le rétablissement fragile (1848) puis plus assuré (1872) de la République mise à mal (1851-1871) par Napoléon « le petit » comme le surnommait Hugo. Nulle ambiguïté dans la sensibilité politique de Verlaine exprimée dans les *Confessions*. Son histoire personnelle et l'histoire de la République vont de pair (Étape 3).

1. L. -P. fargue, *op. cit.*
2. *A me ipso de me ipso* : « moi-même auteur de moi-même », saint Augustin (354-430) auteur de *Confessions*.

On est loin de la posture romantique du poète seul sur son rocher, le dos tourné à la populace, ce que confirme la présence récurrente du Parnasse contemporain, courant poétique dans lequel s'inscrit Verlaine et qui donnera naissance au mouvement symboliste (Étape 5). Plus précieuse encore est l'étude des *Confessions* dans la reconnaissance du « pacte autobiographique » entre l'auteur et son lecteur, complice du double « je » (qui raconte et qui est raconté) (Étapes 6 et 9). Tout est là. Un autoportrait d'où émergent les traits fondamentaux de « candeur » et « d'amativité » (Étape 2). Des thèmes ou motifs obsessionnels, comme celui de la femme aux mains consolatrices (Étape 8). Des paysages choisis pour leur vibration colorée, si justement accordée aux sentiments (Étape 7). Et pas seulement des motifs, la technique aussi, bien que discrète. Comment ne pas entendre, après l'éloge des Maîtres, les règles d'un art poétique – dans tel éloge de la « nuance » (Étape 7) dans le rythme d'une syntaxe « tortillée » parce que plus affective que logique (Étape 4), dans le refus de l'éloquence et l'emploi de mots choisis souvent pour le pouvoir de suggestion de leur musique. Puisque seule, la musique importe, « encore et toujours (...) et tout le reste est littérature »[1].

1. Dernier vers (« impair ») du poème-manifeste.

Verlaine
Confessions

Première partie

1

On m'a demandé des « notes sur ma vie ». C'est bien modeste, « notes » ; mais « sur ma vie », c'est quelque peu ambitieux. N'importe, sans plus m'appesantir, tout simplement, – en choisissant, élaguant, éludant ? pas trop, – m'y voici :

Je suis né, en 1844, à Metz, au n° 2 d'une rue Haute-Pierre, en face de l'École d'application pour les futurs officiers du Génie[1] et de l'Artillerie. Je me rappelle une petite pension où j'allai jusqu'à l'épellation[2] inclusivement, dans une rue aux Ours, chez une demoiselle très *gâteau*, et c'est tout le souvenir que j'ai d'elle et de mes études sous sa direction. De notre premier étage je voyais tous les matins passer à cheval la longue file des élèves de l'École d'application en petite ou en grande tenue, selon les jours, des sous-lieutenants des deux armes savantes, et mon petit cœur tout militaire trottait, galopait derrière eux, Dieu sait comme ! Mon père était capitaine du Génie, et chez mes parents c'était souvent le tour des choses de l'armée, dans les conversations, et des officiers du régiment aux soirées hebdomadaires, whist[3] et thé, qui s'y donnaient. J'étais si fier du bel uniforme paternel : habit à la française au plastron de velours avec ses deux décorations d'Espagne et de France, Alger et Trocadéro, bicorne à plumes tricolores de capitaine-

1. Corps militaire, chargé de la construction des bâtiments de l'État.
2. Lecture qui consiste à épeler les mots avant de les lire ; nom dérivé du verbe, compris dans son sens le plus ancien. Procédé courant chez Verlaine (néologisme).
3. Jeu de cartes qui se répand en France au cours du XIXe siècle, jusqu'au moment où il est remplacé par le bridge.

adjudant-major, l'épée, le bien ajusté pantalon bleu foncé à bandes rouges et noires, à sous-pieds ! si fier aussi de son port superbe d'homme de très haute taille, « comme on n'en fait plus », visage martial et doux, où néanmoins l'habitude du commandement n'avait pas laissé de mettre un pli d'autorité qui m'imposait et faisait bien, car j'étais mauvais comme un diable quand on me tolérait trop d'espièglerie.

Ma pauvre mère en savait long là-dessus, que son extrême bonté n'empêchait pas toutefois, si les choses allaient à l'excès de mon côté, d'en venir du sien aux justes extrémités. Plus tard, beaucoup plus tard, quand j'eus grandi, à quoi bon ? vieilli, pourquoi ? elle était coutumière, vaincue à la fin par mon adolescence tumultueuse et ma maturité pire dans l'espèce, de me dire, lors de nos scènes, en forme de menaces auxquelles elle savait bien que je ne croirais pas : « Tu verras, tu en feras tant qu'un jour je m'en irai sans que jamais tu saches où je suis. » Non, elle ne devait pas réaliser ces paroles, et la preuve, c'est qu'elle est morte d'un refroidissement contracté en me soignant de la maladie qui me tient encore. Eh bien, je rêve souvent, presque toujours d'elle : nous nous querellons, je sens que j'ai tort, je vais le lui avouer, implorer la paix, tomber à ses genoux, plein de quelle peine de l'avoir contristée, de quelle affection désormais toute à elle et pour elle... Elle a disparu ! et le reste de mon rêve se perd dans l'angoisse croissante d'une infinie recherche inutile. Au réveil, ô joie ! ma mère ne m'a pas quitté, tout ça n'est pas vrai, mais, coup toujours terrible, la mémoire me revient : ma mère est morte, ça c'est vrai !

Il ne faudrait pas conclure de là que je fusse un enfant pervers ou méchant. J'avais mes moments fréquents de gentillesse et il suffit, pour en être convaincu, de voir mon portrait fait quand j'avais quatre ans, portrait dont l'original est actuellement en la possession de mon ami Raymond de la Tailhède qui le tient du si regretté Jules Tellier à qui je l'avais donné. J'y suis représenté en petit bonnet à ruches[1] surmonté d'un bourrelet *blanc et bleu.* (Mon prénom de Marie m'avait voué à la Sainte Vierge qui s'est souvenue de son filleul vers 1873-74, époque où j'écrivais *Sagesse,* si sincèrement!) On me reconnaît encore dans cette d'ailleurs assez jolie gouache[2]. J'y ai les yeux bleus, qui ont, si je puis ainsi parler, *grisonné* depuis, avec une bouche à la lèvre supérieure en avant et l'air foncièrement naïf et bon. Ai-je tant changé que ça? En laid, oui; en mal? je ne crois pas.

Outre mes parents j'avais une cousine, de huit ans plus âgée que moi, orpheline du côté de ma mère, que celle-ci et mon père avaient recueillie et élevaient comme leur propre fille. J'ai toujours eu pour elle l'affection d'un jeune frère et elle m'aimait tendrement.

Pauvre chère cousine Élisa! Elle fut la particulière douceur de mon enfance dont elle partagea et protégea longtemps les jeux; parfois, dans les commencements, elle fut, un peu enfant elle-même, la complice innocente des malices ou plutôt encore l'inspiratrice des gentillesses puériles qui constituè-

1. Bonnet bordé d'une bande de tissu plissé dont les plis évoquent les alvéoles en cire d'une ruche (métaphore).
2. Tableau peint à la gouache, c'est-à-dire à la peinture à l'eau (synecdoque).

rent ma vie morale de ces années-là. Elle taisait mes grosses fautes, exaltait mes petits mérites, me grondait si gentiment entre temps. Avec l'âge, ce furent de bons conseils, des exemples aussi de soumission, de déférence et de prévenance qu'elle me donnait et dont je profitais plus ou moins – et c'était une petite mère sous la grande, une autorité non plus douce, non plus chère, mais comme de plus près encore. Quand elle se maria, pour mourir hélas! quelques années après, notre affection continua, la même, et que disais-je plus haut? complice encore de mes malices d'alors, ce fut elle qui me fournit l'argent nécessaire à la publication de mon premier livre, ces *Poèmes saturniens* où éclate bien le moi fantasque et quelque peu farouche que j'étais...

À l'époque de ma toute petite enfance, à laquelle je reviens après cet écart en avant, les régiments se déplaçaient fréquemment. Celui de mon père dut quitter Metz peu après ma naissance et rejoindre à Montpellier. De ce séjour j'ai surtout à la mémoire de très somptueuses processions religieuses où des jeunes gens de la ville en robes monacales de diverses couleurs, la plupart du temps blanches, avec des cagoules rabattues sur la tête, percées de trois trous pour la vue et la respiration, se joignaient, qui m'effrayaient passablement. C'est *pénitents* qu'on les nommait et qu'on les nomme encore : moi je les appelais « les fantômes »!

Dans la maison où nous demeurions, il y avait deux vieilles filles, marchandes de jouets, à qui ma bonne me confiait quand mes parents sortaient le soir. C'était pour moi le paradis, naturellement, cette boutique! J'ai encore dans les yeux les resplendissants Polichinelles[1], joie et terreur, et tous ces tambours et toutes ces trompettes et les chariots sans nombre, et la pelle et le seau pour les trous dans le sable, et les paysages en boîte pour l'éparpillement des soldats de plomb grands comme les arbres aux feuilles de copeaux et plus petits que les moutons, et les bergers de Nuremberg[2] ou supposés tels, et tant et plus d'autres merveilles! Un soir d'hiver que j'étais sur les genoux d'une des demoiselles, prêt à m'assoupir, charmé de voir, à travers mes cils se rapprochant qui me kaléidoscopaient les choses, écumer sous le couvercle soulevé et d'entendre, parmi les bruits indistincts du demi-sommeil, chanter l'eau d'une bouillotte, j'eus l'idée, je m'en souviens comme d'hier et je crois, tellement *j'y suis*, que j'aurais encore l'idée, – l'idée! – de plonger ma main droite dans la belle eau d'argent frisé qui faisait de si jolie musique. Le résultat, vous pensez bien, fut une effroyable brûlure grâce à laquelle je restai longtemps privé de l'usage d'un bras et suis demeuré aussi adroit et maladroit d'une main que de l'autre, ce qui se terme[3] ambidextre, si je ne me trompe.

Le Peyrou! Qu'il y faisait chaud sous ces arbres comme noirs, au long de ces haies épaisses comme des murs! J'en revenais

1. Marionnettes de théâtre, d'origine italienne : Pulcinella.
2. Jouets provenant des célèbres manufactures de Nuremberg, ville de Bavière, célèbre au XXe siècle pour avoir servi de cadre au procès des dirigeants de l'Allemagne nazie (novembre 1945).
3. Se nomme; verbe pronominal dérivé du substantif «terme», dans le sens de «mot» (néologisme).

tout sale de terre tripotée et tout essoufflé d'avoir couru dans les allées d'ombre moite et de soleil pulvérulent[1].

Ma grande aventure à Montpellier fut celle du scorpion. Pierre-et-Paul, l'un des biographes, qui exercent sous le Vanier[2] des *Hommes d'Aujourd'hui*, l'a racontée en l'héroïsant quelque peu. Voici la vérité stricte : on m'avait fait un verre d'eau sucrée que j'allais boire, quand, en agitant la petite cuiller pour que le sucre fondît, j'aperçus quelque chose d'anormal parmi l'effervescence des bulles d'air montant et descendant en tournoyant. Ce quelque chose était un scorpion de la plus ténue espèce, transparent et presque invisible, telle une crevette en miniature, dans son tortillement comme fondu dans l'agitation de l'eau. Plagiaire inconscient de Victor Hugo en lisières[3] s'exclamant devant son frère nouveau-né, je m'écriai : « bébête ! » – et le malencontreux petit monstre mourut, non pas avalé, ainsi que l'affirme l'inexact anecdotier[4] du Quai Saint-Michel, mais des suites d'avoir été jeté au feu séance tenante.

1. Réduit en poudre. Le soleil semble collé – comme une poudre – à la peau de l'enfant en sueur d'avoir trop couru (métaphore).
2. Léon, libraire (19, quai Saint-Michel), publie toute l'œuvre poétique de Verlaine, à partir de *Jadis et Naguère* (1884).
3. Bandes d'étoffe attachées aux vêtements de l'enfant qui commence à marcher ; image cocasse d'un Victor Hugo, littéralement balbutiant !
4. Chroniqueur de faits sans importance historique.

2

Il était écrit que je ne devais pas avoir chance en ce qui concernait la « faune » – si je puis m'exprimer ainsi, ce que je crois peu – de Montpellier, car quelque temps après mes démêlés avec le scorpion dont il vient d'être question, étant tombé malade, je dus subir l'application d'une sangsue[1] qui poussa le zèle et l'amour du métier si loin que, ma bonne s'étant endormie au lieu de surveiller les progrès normaux de l'opération et de retirer l'avide hirudinée[2] juste après le temps moral d'une succion consciencieuse, lorsque ma mère, revenue d'une course, entra dans la chambre où j'étais couché, pour s'enquérir, elle trouva mon petit lit tout rouge de sang et moi en syncope. Je me tirai ou plutôt on me tira encore du mauvais pas, mais j'attribuerais volontiers ma pâleur de visage et l'extrême blancheur générale de ma peau à ce menu mais sérieux incident de mes tendres années.

Là se bornent, autant que ma mémoire me sert, mes malheurs vis-à-vis des animaux de là-bas, à moins que je n'admette dans cette hostile ménagerie l'insecte célébré par Boileau, je pense,

J'ai rendu mille amants envieux de mon sort

(est-ce bien cela au moins ? la citation est-elle juste ?) et qui

1. Vers dont l'espèce médicinale était utilisée pour les saignées locales.
2. Nom scientifique de la famille de vers à laquelle appartiennent les sangsues.

pullule, ou du moins pullulait, de mon temps, dans la bonne ville, au point que les habitants y étaient faits et avaient même des caresses de langage à son endroit. Que de fois ai-je et n'ai-je pas entendu de bonnes gens du cru appeler ces lestes et trop lestes animalcules[1], des « mimis » ! Du reste, il était – cette coutume existe-t-elle toujours ? – une façon pour, par exemple, les revendeuses du marché, de s'en débarrasser, bien typique. Toutes avaient en réserve une pièce de flanelle qu'elles dénommaient *pistolet* et dès qu'elles se trouvaient plus agacées que de coutume par l'indiscrète bestiole, elles saisissaient vite leur arme et pan ! sur le bras, pan ! dans le cou, pan ! sous la jupe, elles frappaient l'ennemi, le tenaient prisonnier dans les poils de l'étoffe, et clic et clac ! d'un revers d'ongle, c'en était fait de ce pauvre « mimi »... en attendant les autres.

Lorsque tu cherches tes puces
C'est très rigolo.
Quelles ruses, que d'astuces !
J'aime ce tableau.

Je vis Cette[2], Nîmes, ou plutôt j'y allai, car rien ne me revient de ces villes que, dans la dernière, le bruit des coups de fusil de la guerre civile entre Protestants et Catholiques et notre angoisse à ma mère et à moi (ma cousine était restée à Metz, en pension,

1. Animaux minuscules, à peine visibles à l'œil nu ; ici, les puces.
2. Ville de Sète, port sur la Méditerranée, proche de Montpellier.

chez les Dames de Sainte-Chrétienne), car mon père faisait partie d'un détachement de troupes envoyé de Montpellier pour rétablir l'ordre, et ma mère avait voulu suivre mon père...

Il y a bien aussi un chemin de fer, combien primitif! dont le très vague souvenir s'estompe quand j'y pense, surtout un chapeau de paille tout neuf envolé par une portière où je m'étais penché contre le vent. Du vraisemblable grand émoi en présence d'un spectacle nouveau tel, d'une pareille sensation éprouvée pour la première fois, une locomotive en action, un train s'ébranlant, rien, non, rien ne m'est resté. L'enfant a si peu vu, si peu éprouvé, qu'il peut à peine comparer et que l'étonnement n'est nécessairement que très faible sinon tout à fait nul en lui. Un jour, en Angleterre, un petit garçon dans les âges que je pouvais avoir à cette époque de mes « notes », voyait pour la première fois tomber de la neige et paraissait profondément attentif. Ceci se passait à un rez-de-chaussée, et la cour, devant la fenêtre d'où mon jeune ami observait le temps, était toute blanche déjà. Une servante ouvrit alors la porte qui donnait sur cette cour et allait sortir, quand Master Georgie s'interrompant de sa contemplation qui était peut-être bien de la méditation spéculative à sa manière, de s'écrier cautieusement[1] : « *Mind the salt!* (Prenez garde au sel.) »

Mais je ne veux pas quitter Montpellier sur des tableaux aussi peu relevés. La mémoire m'en fournit un plus important auquel

1. Déformation de « cauteusement » : avec une habile clairvoyance (archaïsme ; graphie phonétique).

vous participerez, après quoi je dirai un adieu sans doute définitif à un pays où je ne suis jamais retourné et qu'il est bien invraisemblable que je revoie de ma désormais passablement sédentaire et forcément parisienne chienne de vie !

Quarante-huit[1] avait eu lieu pendant notre séjour à Montpellier et j'assistai, que dis-je, j'assiste encore aujourd'hui, tant les choses, cette fois, sont nettes et comme enluminées devant moi qui *les vois* à quarante-six ans d'intervalle ! à la proclamation de la République ou plutôt à la solennisation de cette haute formalité. J'étais en grande tenue de petit garçon de quatre ans, collerette de broderie, pantalon brodé à mi-jambes, casquette à long gland pendant sur le côté, d'ailleurs bien emmitouflé, car février n'est pas sans rigueurs, quelquefois, dans ce Midi qui n'a rien de moins immuable que son soleil tant vanté, sur l'estrade de la place d'Armes où les dames de l'Administration et de l'Armée étalaient leurs toilettes quasiment printanières, plumes, fleurs, bavolets, volants, faces-à-l'œil, éventails, écharpes et shalls[2], tandis que le préfet tout en argent et le commissaire du Gouvernement provisoire, gilet un peu à la Robespierre, tous deux largement ceinturés de tricolore, haranguaient les troupes de la garnison qui défilèrent ensuite au son des musiques jouant la *Marseillaise* que chantaient à tue-tête mille et mille voix gutturales fortement alliacées. Telle se fit ma première connaissance avec l'Hymne natio-

1. Révolution de 1848 qui met fin à la monarchie de Juillet (règne de Louis-Philippe) et proclame la République. Louis Napoléon est élu président de cette IIe République.
2. Orthographe anglaise de « châles », mot d'origine hindi : *shal*.

nal et la « Forme définitive de notre Démocratie ! » comme venaient de dire les deux citoyens officiels dont il a été fait mention ci-dessus.

Retour à Metz. Je ne puis parler, pour la dernière fois aussi, de cette ville où je ne suis pas retourné non plus, voilà tant de temps de cela ! et où probablement je mourrai sans être retourné, également, je ne puis parler de ma ville natale sans quelque émotion bien compréhensible, car d'abord j'y ai vécu peu d'années, d'accord, mais c'est là, en définitive, que je me suis ouvert, esprit et sens, à cette vie qui devait m'être en somme si intéressante ! Puis, n'est-elle pas, cette noble et malheureuse ville, tombée glorieusement et tragiquement, abominablement tragiquement ! après quels combats immortels ! par la seule trahison, trahison comme il n'en est pas dans l'histoire, entre les mains de l'ennemi héréditaire ? Si bien que pour rester Français, à vingt-huit ans, après avoir accompli tous les devoirs civiques et sociaux en France et comme Français, et m'être, sans que rien m'y forçât que le patriotisme (la suite de ces notes le démontrera), mêlé, la guerre arrivée, à la défense nationale dans la mesure de mon possible, je dus, en 1872, opter à Londres, où m'avaient jeté les suites de la guerre sociale après la guerre civile et la guerre étrangère, en faveur de la nationalité… de ma naissance !

… Il y a des destinées vraiment. Mon père aussi qui s'était *engagé* (n'avait pas été requis) *à seize ans* dans les armées de Napoléon Ier, qui avait fait campagne en 1814 et 1815, s'était vu obligé après le 18 juin de cette dernière année, d'opter, pour continuer de servir sous nos drapeaux, sous prétexte qu'il était né,

Français, dans ce département des Forêts que les traités imposés par le triomphe de la Sainte-Alliance[1] enclavèrent de force, et bien de force ! dans le royaume improvisé des Pays-Bas et qui fait aujourd'hui partie de la province du Luxembourg belge.

Un homme d'esprit a dit qu'être né dans une écurie ne suffit pas pour être cheval. J'admets le mot pour l'*étranger* qui voit le jour en tel ou tel pays, au hasard d'un paysage ou d'une mission de ses parents. Là ne fut jamais mon cas et c'est pourquoi cette émotion très réelle dont j'ai parlé et que je ressens toujours quand il est question, parfois trop légèrement, de cette Alsace-Lorraine qu'on semble avoir un peu oubliée ou même traitée, déjà ! dans quelques milieux de quantité négligeable.

Ce fut par Lyon et Châlons que nous revînmes à Metz, c'est-à-dire par le Rhône et la Saône. De ces deux fleuves, pas de nouvelles en ma mémoire quant à ces temps-là (j'ai revu récemment la Saône qui m'a fort impressionné avec son Lamartine en coup de vent[2]), sinon que l'eau était grosse autour des roues du vapeur et que j'en fus souvent arrosé, à mon grand amusement assaisonné d'une pointe de peur. On coucha à Lyon dans un hôtel sur un quai, et je voyais de mon lit, à mon réveil, se balancer une longue voile noire à travers les fins rideaux ramagés de la fenêtre.

1. Pacte signé le 26 septembre 1815 entre le tsar de Russie, l'empereur d'Autriche et le roi de Prusse, pour la défense de « la charité chrétienne et de la paix ».
2. Référence à la statue de Lamartine représenté au bord du fleuve, les cheveux au vent « avec des bottes superbes et quel beau manteau ! » dont Verlaine a l'habitude de se moquer comme de son contraire absolu, à la fois dans la posture et dans le style romantiques ! (in *Mes hôpitaux*, 1893).

3

Retour, donc, à Metz, où le régiment de mon père était mandé à nouveau.

J'ai déjà décrit quelque peu de mon Metz enfantin. Ce que je m'en suis laissé à raconter n'a guère rien de bien frappant : c'est l'au jour-le-jour de l'existence, de la croissance plutôt, d'un petit qui devient grandelet[1]. « Le petit », c'est ainsi qu'on me désignait dans la maison et que l'on continua de me désigner bien longtemps, même quand j'eus poussé en un grand flandrin[2] qu'exaspérait alors ce mot de « petit », si doux aujourd'hui à mes vieilles oreilles orphelines qui ne l'entendent plus qu'en rêve, parfois, rêve aux tristes, bien tristes sursauts !

Ce petit donc que j'étais, et qui ne grandissait pas trop, ni même assez, en sagesse, néanmoins s'éveillait aux choses d'alentour. Les yeux sur tout chez moi furent précoces : je fixais tout, rien ne m'échappait des aspects, j'étais sans cesse en chasse de formes, de couleurs, d'ombres. Le jour me fascinait et bien que je fusse poltron dans l'obscurité, la nuit m'attirait, une curiosité m'y poussait, j'y cherchais je ne sais quoi, du blanc, du gris, des nuances peut-être. C'est sans doute à ces dispositions que je dus, si devoir il y avait là ! d'avoir un goût des plus précoces et très réel pour le gribouillage d'encre et de crayon et le délayage de laque carminée[3], de bleu de Prusse et de gomme-gutte[4] sur

1. Qui commence à grandir (archaïque et redondant).
2. Grand dadais ; garçon gauche et ridicule, comme ceux venant de Flandre (familier et péjoratif).
3. Vernis de couleur rouge vif.
4. Résine de couleur jaune, utilisée en peinture et en médecine : boule de gomme.

tous les bouts de papier me tombant sous la main, qui est proprement ce que l'on baptise d'ordinaire vocation vers la peinture. Je dessinais d'épileptiques bonshommes que j'enluminais férocement ; mes bonshommes étaient principalement des soldats dont l'anatomie consistait en 8 superposés à des 11, et des dames en grands falbalas[1] figurés par d'incohérents paraphes, le tout apparaissant sans buts autres que d'être là, très violemment. Le tout en deux traits et trois coups de plume, de crayon et de pinceau. Le doigt se chargeait le plus souvent d'effacer brutalement les « dessins » dont je n'étais pas content, quand ce n'était pas la langue qui se chargeait de l'exécution. J'ai gardé de ces « essais » la manie de noircir les marges de mes manuscrits et le corps de mes lettres intimes d'illustrations informes que de vils flatteurs font semblant de trouver drôles. Qui sait ? j'eusse pu être un grand peintre en place de ce poète-ci. L'Institut au lieu de l'hôpital, un petit hôtel aux Champs-Élysées et ses accessoires, et non pas la chambre en garni et ses conséquences, une brochette[2] à la boutonnière gauche au lieu de ce tas de croix sur les deux épaules !

Voilà pourtant ce que c'est que de manquer à sa véritable vocation !

Car de vocation vers la poésie, je ne crois pas que j'en eusse la moindre à ce moment. J'étais le plus pratique des êtres de ma taille, gourmand pas trop, paresseux juste au point, assez

---

1. Ornements sur une toilette ; des volants le plus souvent (légèrement péjoratif).
2. Broche servant à accrocher des décorations à la boutonnière.

joueur, et qui dormait bien quand il n'avait pas trop gambadé ni bavardé dans la journée. Je n'ai jamais été mélancolique de ma vie. Ce n'était pas pour être taciturne, d'habitude, non plus que coutumièrement expansif *in illo tempore*[1]. Bref, un parfait petit bourgeois, un « équilibré » s'il en fut. On change !

Faut-il toutefois mettre au rang des symptômes qu'un psychologue pourrait découvrir dans l'espèce, une tendance à l'amativité[2] que j'avais dès lors ? Il me semble que non, car le poète, même dans le sens le plus banal du mot, peut très bien n'avoir pas cette tendance-là. Sa lyre n'a pas sept cordes à son arc précisément pour rien. Donc, sans le moins du monde vouloir tirer aucune conclusion de la manière de petite idylle très authentique qui va suivre, je vais, tout bonnement pour m'amuser du ramentevoir[3] et tâcher de vous y intéresser, vous la raconter par le menu. Ce n'est pas la seule « histoire d'amour » que pourraient contenir ces *Confessions* (puisque l'on a empanaché mes simples « notes » d'un tel redoutable sur-titre) où l'on en lirait bien d'autres et de bien autres, pour ma confusion ! Celle-ci du moins a le mérite d'être innocente s'il en fut jamais !

Metz possédait et doit encore posséder une très belle promenade appelée « l'Esplanade », donnant en terrasse sur la Moselle qui s'y étale, large et pure, au pied de collines fertiles en raisins et d'un aspect des plus agréables. Sur la droite de ce paysage, en retrait vers la ville, la cathédrale profile à une bonne distance

---

1. « En ce temps-là » (en latin).
2. Aptitude à l'amour (néologisme).
3. Rappeler (archaïsme).

panoramique son architecture dentelée à l'infini. Vers la nuit tombante, des nuées de corbeaux reviennent en croassant, faut-il dire joyeusement ? reposer devers les innombrables tourelles et tourillons qui se dressent sur le ciel violet. Au centre de la promenade s'élevait, et doit encore s'élever, une élégante estrade destinée aux concerts militaires qui avaient lieu les jeudis après-midi et les dimanches après les vêpres. Le « tout-Metz » flâneur ou désœuvré s'y donnait ces jours-là, à ces heures-là, rendez-vous. Toilettes, grands et petits saluts, conversations, flirts probablement, agitations d'éventails, brandissage et usage de lorgnon, alors un monocle carré, ou du face-à-l'œil[1] de nacre ou d'écaille, déjà mentionné, ce face-à-l'œil qui a essayé de ressusciter ces temps derniers entre tant de modes du passé, toutes ces choses intéressaient à l'extrême mon attention gamine et parfois malicieuse plutôt en dedans, bien que parfois des mots d'enfant terrible m'échappassent sur les gants un peu passés de Madame Une telle ou sur le trop court ou trop collant nankin[2] du pantalon de Monsieur Chose, tandis que ma puérile mélomanie s'enivrait des airs de danse de Pilodo ou de solos de clarinette ou de la mosaïque sur le dernier opéra-comique d'Auber ou de Grisar...

Il se trouva que, parmi les nombreux enfants qu'amenaient là les gens mariés de la société, il y avait la plus jeune des filles

1. Vraisemblablement ce qui allait devenir le « face-à-main » (binocle), différent donc du « monocle ».
2. Étoffe soyeuse, du nom de la ville chinoise.

de M. le Président du Tribunal de 1re instance, à moins que ce ne fût celle de M. le Procureur de la République, qui s'appelait L..., et la petite demoiselle s'appelait Mathilde. Elle pouvait avoir huit ans, moi je courais sur ma septième année. Elle n'était pas jolie de la joliesse qu'on veut chez les fillettes de cet âge. Blond ardent très près d'être fauve, ses cheveux en courtes papillotes faisaient à sa face très vive aux yeux d'or brun parmi le teint moucheté de taches de rousseur comme autant, me semblait-il (et je le sentais ou plutôt ressentais ainsi), d'étincelles allant dans cette physionomie de feu vraiment, des grosses lèvres de bonté et de santé, et, dans la démarche, un bondissement, un incessant élan, – tout cela m'avait saisi, m'allait au cœur, dirai-je aux sens déjà? Tout de suite, nous étions devenus amis. Que pouvions-nous nous dire! je ne sais, mais le fait est que nous causions toujours ensemble, quand nous ne jouions pas, ce qui nous arrivait souvent. Quand l'un de nous n'était pas encore là (car je lui plaisais, je dois l'avouer, autant, ma foi, qu'elle me plaisait de son côté), c'était une attente, une impatience, et quelle joie, quelle course l'un vers l'autre, quels bons et forts et retentissants et renouvelés baisers sur les joues! Parfois il y avait des reproches à propos du retard, des miniatures de scènes, des ombres peut-être de jalousie quand un garçon ou une fille mêlé à nos jeux, trouvait trop d'accueil d'une part ou d'une autre. Notre amitié si démonstrative avait été remarquée et l'on s'y intéressait; elle amusait fort, entre autres gens, les officiers qui formaient une bonne part du public de ces concerts. « Paul et Virginie »[1], disaient les commandants et les capitaines restés classiques immédiats, tandis que les lieutenants et sous-lieutenants, plus lettrés et d'instinct plus vif, insinuaient en souriant : « Daphnis et Chloé ! »[2] Le colonel lui-même de mon père, qui devait être plus tard le maréchal Niel, se divertissait tout le premier à ces jeunes ardeurs, et nos parents, n'y voyant que ce qui était foncièrement naïveté et candeur, admettaient volontiers de tels gentils rapports.

... Madame, de qui, depuis si longtemps, j'ignore tout, jusqu'à votre nom actuel, si jamais ces lignes vous tombent sous les yeux, et, attendu que je suis sûr que mon nom à moi ne vous est pas plus étranger que ne me l'est celui de votre père le magistrat, vous sourirez complaisamment, n'est-ce pas ! comme faisaient les témoins de nos pures amours d'enfance et comme il m'arrive de le faire moi-même, à ces souvenirs tout frais, tout parfumés encore d'innocence, et de primesaut soudain éclos dans la mémoire, tout étonnée d'un charme exquis, du poète qui voudrait, hélas ! n'avoir que de pareilles choses douces et sincères à raconter.

---

1. Titre du roman idyllique de Bernardin de Saint-Pierre (fin XVIIIe siècle) dont les héros symbolisent l'amour pur et éternel.
2. Titre du roman pastoral de Longus (début IIIe siècle) dont les héros illustrent l'innocence et la permanence du sentiment amoureux.

4

Quoi de plus à Metz ? Ma foi, plus grand'chose, en fin de compte. Mon père donna sa démission et en dépit d'une lettre très flatteuse du colonel Niel, la maintint, et, dès elle acceptée, le départ pour Paris de la famille fut décidé. Nous débarquâmes tous trois rue des Petites-Écuries, dans un appartement meublé pour y attendre l'expédition, par le roulage, du mobilier assez considérable laissé à Metz. Le trajet en fiacre, depuis la gare de l'Est, telle à peu près qu'elle est aujourd'hui ; en face, par exemple, au lieu de la longue et large perspective actuelle, une assez sordide vue de maisons lépreuses et d'abominables terrains vagues que continuait jusqu'à la Seine et au-delà un dédale de rues étroites et terriblement encombrées, me parut morose vraiment. Moi qui me figurais un Paris tout en or et en perles fines, qui m'en étais créé une Bagdad et un Visapour tels que ces cités mêmes n'ont jamais été, évidemment, car l'imagination des enfants est infinie quand elle s'y met et il y entre comme de la folie ! Et je voyais, moi sortant d'une ville froidement belle et d'une régularité frappante dans les parties que je pouvais en connaître, ce lacis de trop hautes maisons, aux lourds volets gris sale sur des façades de plâtre verni où la pluie avait dilué la poussière en taches verdâtres sur du jaune pisseux. Les vitres de l'étroit « sapin », malodorant de drap crasseux et de foin moisi, sonnaient brutalement et les roues sursautaient, sur ce pavé énorme, irrégulier, habitué plutôt à l'entassement pour les barricades de plusieurs émeutes qu'au nivellement normal des Ponts et Chaussées. Déçu cruellement, je me mis à pleurer, et comme on m'interrogeait, n'étant plus aussi naïf, croyais-je, qu'auparavant, maintenant qu'il m'avait été affirmé que j'étais dans l'âge de discrétion, comprenant littéralement le mot et peut-être aussi par une pudeur (trouver Paris laid, fi, monsieur, que c'est vilain de la part d'un grand garçon !) je répondis que j'avais mal aux dents, – ce qui peut-être se trouvait vrai puisque j'avais sept ans, sept ans passés, période où tombent les dents de lait et où en poussent d'autres ! Mais la vérité, c'est que ma première impression de Paris fut laideur, boue et jour sale, – et l'odeur fade qui flotte en son atmosphère, pour des narines habituées aux fortes et simples bises de l'Est lorrain, et aux salubres courants d'air d'une ville en échiquier !

Le lendemain, je dois l'avouer, me récompensa du mécompte si véhémentement subi dès en arrivant. L'impressionnante promenade, en vérité, sur les Boulevards, de la porte Saint-Denis ou Saint-Martin (excusez, il y a quarante-trois ans de ça) jusqu'à la Madeleine ! Peu d'embellissements ont altéré la physionomie du si absolument varié, amusant encore plus que grandiose – de clair fourmillement humain et de richesse et de luxe, et de philosophie et de gaîté, faux ou vrais, vrais et faux, mais intenses et légers ensemble et libres – Boulevard de Paris. En 1851, je n'y vis, si je n'en perçus pas, intuitivement, davantage, que l'amusement, vraiment grisant pour un gamin. Les voitures, si nombreuses, sans grand bruit là, les passants, les trois quarts du temps bien mis et volontiers de bonne humeur, flânant, fumant, causant tout haut, – la plupart des gens, en province, se parlent comme à l'oreille, – les boutiques : ô ce duel de grenouilles empaillées chez un « naturaliste » de Bonne-Nouvelle ! les enseignes : ô ce quatrain d'un perruquier de la porte Saint-Martin, en face de l'emplacement où quarante ans après devait s'élever le théâtre de la Renaissance :

Passants, contemplez la douleur
D'Absalon pendu par la nuque :
Il eût évité ce malheur
S'il eût porté perruque ?

Ces « vers », écrits en dessous d'un tableau un peu sommairement peint mais non des moins impressionnants pour des yeux sans préjugés comme les miens d'alors, sont, je crois, les premiers que j'aie sus par cœur. Au fond, ils en valent bien d'autres qui ont fait et font encore plus de bruit.

Au bout d'une huitaine de jours, le mobilier étant arrivé, nous émigrâmes aux Batignolles, quartier dès alors favori des militaires retraités. Mon père devait y retrouver et y faire beaucoup de camarades dans cette classe de braves et dignes gens, bons bourgeois sans l'affre et l'horreur d'Homais et de Prudhomme. Du premier ils n'ont rien, et s'il leur arrivait, par un malheur à ne pas craindre, d'employer le langage du second, ce serait alors littéralement et dès lors très plausiblement qu'ils pourraient dire que leur sabre fut le plus beau jour de leur vie.

Batignolles. Entrée rue Nollet (alors Saint-Louis), numéro 2, vue du premier, par quatre fenêtres, sur la rue des Dames et la rue Lécluse. La rue Lécluse où je devais habiter plus tard, par deux fois, la rue où tu habites, mon vieux camarade Edmond Lepelletier, quand tu t'ennuies à Chatou, dans cette même maison et ce même appartement du numéro 3 qui te vit naître.

« *Naître, vivre et mourir* (le plus tard possible) *dans la même maison !* » Bonheur que tous n'auront pas, bien qu'on ne puisse répondre de rien, encore qu'il me semblerait fou que je dusse mourir, après, c'est vrai, y avoir vécu, peu, mais vécu, dans la maison numéro 2 de cette rue Haute-Pierre, probablement *Hoch Stein Strasse* aujourd'hui, qui fut témoin de mon entrée en ce monde. Qu'elle assistât à mon premier pas dans l'autre, voilà, je le répète, qui m'étonnerait en dépit de toute proverbiale possibilité.

J'ai dit que mon instruction en province n'avait pas été des plus rapides. Il n'est que ce Paris pour les progrès sérieux, mossieur ! Et je fus mis, comme externe, à l'institution W... dans la rue Hélène, une toute petite voie qui conduit de la rue Lemercier à l'avenue de Clichy, *olim*, ce qui veut dire, hélas ! « de mon temps », Grande-Rue des Batignolles. Le modeste pensionnat existe toujours, et dernièrement en allant visiter le maître Eugène Carrière[1] dans son atelier de la rue – pas dommage ! Hégésippe Moreau[2], j'ai revu, à travers les barreaux verts de la porte à claires-voies, la cour aux quelques rangées d'arbres

1. Peintre (1849-1906), ami de Rodin et de nombreux écrivains ; on lui doit un célèbre portrait de Verlaine.
2. Poète parnassien auquel Verlaine consacra une étude. En 1890, son nom est donné à une rue dans le XVIIIe arrondissement où habitèrent Carrière et plus tard Cézanne.

espacés suffisamment pour qu'on y pût jouer de-ci de-là aux quatre coins et au fond le perron aux deux rampes de fer d'où, à une distribution des prix, je récitai la fable du *Chêne et du Roseau*, dont je me tirai avec une aisance relative, grâce à une rapidité peut-être un peu bredouillante d'élocution qui ne me trahit qu'aux tout derniers vers, durs à dire vite : essayez donc un peu, vous qui avez l'air de sourire :

Celui de qui la tête au ciel était voisine
Et dont les pieds touchaient à l'empire des morts.

Le patron, digne homme dans les cinquante ans, était petit, glabre[1], avec de longs cheveux noirs séparés sur le côté droit par une raie, assez hâlé de teint, front haut, nez droit et gros : une ressemblance sinon parfaite, frappante, avec les lithographies de Victor Hugo à cette époque, le Victor Hugo-Dante au lieu du Victor Hugo-Ribéra[2] des dernières années. Il s'était marié sur le tard et avait une petite fille qui mourut pendant le temps que je suivais encore son école, et ce fut une de mes premières fortes émotions de voir pleurer cet homme robuste, que nous redoutions un peu tout en l'aimant beaucoup, bambins de bonne famille et de saine éducation que nous étions, et dont il avait un soin et un souci vraiment paternels. Charles des Perrières fut

1. Imberbe, dépourvu de poils.
2. José Ribera, dit « lo Spagnoletto », peintre espagnol (1591-1652), fait carrière à Naples. Sa peinture d'inspiration souvent religieuse est violemment dramatique (coloris sombres ; volumes contrastés ; détails traités avec réalisme). Son nom, accolé à celui de Hugo, pourrait connoter le proscrit légendaire, plutôt que le poète mythique (Dante).

un de mes condisciples de la rue Hélène. Je ne l'ai jamais revu depuis ces temps préhistoriques. Qu'il reçoive ici mon salut doublement confraternel.

J'avais grandi. Je savais maintenant lire et écrire. Les quatre règles m'entraient à peu près dans la tête et j'avais des notions d'histoire et de géographie. On commença de penser à me mettre au lycée. Deux circonstances retardèrent quelque peu mes débuts universitaires : une maladie assez grave que je fis… et le Deux Décembre !

5

Chronologiquement, c'est « le Deux Décembre et la maladie » que j'aurais dû dire pour désigner les deux provisoires obstacles à mon entrée au lycée. La « main de gloire » qui est celle de tout écrivain un peu digne de ce nom m'a fait écrire à l'inverse et bien à mon insu, étant données la nécessité de la phrase à arrondir et la fatalité d'une chute à effet. Pitié, n'est-ce pas ? minuties et chinoiseries. Mais l'écriture en est faite ! Cependant, dans un travail comme celui-ci, qui est surtout ou ne doit être et ne paraître qu'exactitude, ponctualité, littéralité, indispensablement consciencieux me semble-t-il de revenir, fût-ce sur une « beauté », sur un « agrément de style » en faveur de l'ordre strict des faits. Et voilà qui est accompli. Je reprends le fil de mon récit.

Depuis quelque temps, tant à Metz qu'à Paris, j'entendais parler autour de moi de choses qui m'ennuyaient fort et dont j'ai su depuis que c'était de la politique. Il n'était plus guère question, quand il venait des messieurs à la maison, que d'Assemblée Nationale, de Président, de conflit, de Chevau-Légers, de Montagne, d'Élyséens et de Rouges ! Parfois des noms rébarbatifs à l'envi ou si ennuyeusement longs, Cavaignac, Ledru-Rollin de qui l'on craignait le retour, monsieur de Montalembert, dont on attendait beaucoup, mais n'était-il pas trop du parti-prêtre ? Tout cela finirait par un coup d'État dans un sens ou dans un autre, Louis-Napoléon à

Vincennes ou la Chambre à Mazas[1], ou alors, l'inconnu, les élections, la Révolution ! Moi, ça m'était bien égal, tous ces beaux discours, et pourtant je me disais, à part ce petit ignorant de moi, qu'il fallait pourtant que ça eût de l'intérêt pour que les grandes personnes, et surtout « papa » qui m'était un dieu, s'animassent à ainsi pérorer et parfois crier à ce propos. Mais ça m'était bien égal, en vérité, puisque malgré toutes les ratiocinations autour de ces problèmes et en dépit même des réponses brèves et juste à ma portée, obtenues par mes certainement très agaçantes questions sur de tels sujets :

– Papa, qu'est-ce que c'est le Président ? – C'est le chef de l'État, petit. – Et qu'est-ce que l'État ? – C'est le pays, c'est la France. – Alors, qu'est-ce qu'un coup d'État ? etc... etc... Je n'y comprenais rien ?

Ah ! certainement oui, que non, je n'y comprenais rien, quand, un matin d'hiver, vers dix heures, mon père, des journaux à la main, rentra d'une promenade, tout animé, lui si calme quoique nerveux, tout excité, disant : « C'est fini. Ça y est ! – Quoi donc, pour Dieu ? fit ma mère un peu inquiète du ton exalté. – Et parbleu, le coup d'État. Aujourd'hui la Chambre à Mazas. Demain le Président aux Tuileries. C'est très grave, mais ça a l'air très calme. »

Ce mot « coup d'État », que je ne comprenais pas, et sur lequel mon père, interrogé maintes fois par moi, n'avait pu s'expliquer, naturellement, à un galopin de sept ans, et que le résumé qu'il venait d'en donner n'éclaircissait pas, quoique bien

1. Nom d'une prison parisienne, réservée aux hommes.

topique et juste au point pour une intelligence toute au fait, si j'avais seulement su ce que c'étaient que les Tuileries, et que Mazas, et surtout que la Chambre (le Président, que j'avais déjà vu à cheval, en général de la garde nationale, je me doutais vaguement que c'était une espèce de militaire à qui on faisait attention beaucoup quand il passait), – ce *mot* de « coup d'État », maintenant que la *chose* était faite, m'intrigua soudain par son actualité même, et je formulai, pour la quantième fois donc ? ma lancinante question, aggravée aujourd'hui d'un adverbe de temps sous forme à la fois de conjonction et d'exclamation : « *Alors*, papa, dis-moi ce que c'est qu'un coup d'État ? » – Il me fut très judicieusement répondu : « Tu m'ennuies ! Ça ne te regarde pas, va jouer plus loin ! » Le lendemain il fut bien un peu question de « résistance », d'émeutes partielles à Paris, vite réprimées, de mouvements insurrectionnels en province, dans quelques départements, le Rhône, la Nièvre (le Rhône, pensais-je, ne perdant pas l'occasion de me foncer en géographie, chef-lieu Lyon, sous-préfectures... ah, voilà ! la Nièvre, chef-lieu Nevers, sous-préfectures, hem, je les ai oubliées !), mais tout ça plutôt artificiel : on tient les meneurs, etc. Demain le calme sera revenu et les affaires vont enfin reprendre. Le lendemain, 4 décembre, le temps était au sec bien qu'au doux, ma mère, après déjeuner, m'emmena faire un tour de boulevards. Rien, dans les rues de Batignolles jusqu'à la barrière[1], alors située entre les rues d'Amsterdam et de Clichy (un peu en deçà de l'emplacement actuel des grands magasins

1. Entrée de la ville. Celle-ci est plus proche de la place que de l'actuelle porte de Clichy.

de nouveautés de la place Clichy), ne parlait de révolution, ni même de la moindre émotion populaire. La circulation sur les trottoirs et sur la chaussée était la même, ni plus ni moins, que les autres jours. Des affiches collées de la veille aux murs de la caserne attiraient quelques lecteurs des moins démonstratifs; les rues de Clichy et de la Chaussée-d'Antin ne présentaient aucune trace d'agitation quelconque. Chacun visiblement allait à ses affaires, revenait de son plaisir. Nul même de ces groupes qui se forment d'ordinaire dans le Paris fiévreux et avide de nouvelles. Sur le boulevard des Italiens, un concours de curieux plutôt que de manifestants encombre à moitié le passage et jusque sur la chaussée déborde en cohue plus facétieuse qu'autrement. Le grand trait un peu mémorable de cette journée qui commence consiste en, de-ci de-là, d'assez longs monômes des gens généralement bien mis allant en sens divers et scandant sur l'air des lampions ce mot que j'entends pour la première fois, « Ratapoil, rat-à-poils! » et qui m'amuse au point de le répéter de ma voix criarde de gamin. Ma mère, qui s'amuse aussi, néanmoins me fait taire bien vite, se doutant que « Ratapoil » est un cri séditieux. Nous remontons le boulevard Montmartre où les mêmes scènes à peu près se renouvellent.

Comme précédemment, l'attitude de la foule n'a rien de foncièrement hostile et même les gouailleries[1] ayant quelque signification nettement anti-Louis-Napoléonienne sont rares. Plus loin, à l'entrée du boulevard Poissonnière, le tumulte se hausse

1. Plaisanteries.

de plusieurs tons, on chante la *Marseillaise*, les *Girondins*, on siffle, des blouses clairsemées se mêlent aux « talmas[1] » et des casquettes aux hauts-de-forme. Peu de femmes, mais celles qui se trouvaient là s'exaltaient plus que les hommes dans les chants et dans des gestes qui m'effrayaient, presque toutes des femmes de modeste condition et d'un certain âge. Pas de *grisettes*, pas de rubans au bonnet, ni de volants à la jupe, ni d'escarpins de prunelle. Celles en chapeau et en bottines d'étoffe plus fine étaient plus échauffées. Ces spectacles m'inquiétaient, et je me serrai contre ma mère qui, jugeant la position imprudente, me prit fortement par la main et rétrograda sur le boulevard des Italiens, où nous retrouvâmes les bandes goguenardes et rigoleuses. Tout à coup, il y eut un grand cri de « Sauve qui peut ! » et un reflux de foule se sauvant vers la Madeleine. Nous faillîmes être emportés, puis renversés dans cette panique sans motif visible. Une boutique grande ouverte, tout à côté de chez Robert Houdin[2], fut envahie en une seconde par un flot de gens dont nous nous trouvâmes, et la devanture aussitôt sous volets. Dans la demi-obscurité où nous étions, nous pûmes percevoir, pendant quelques minutes qui nous semblèrent des heures, de grandes clameurs indistinctes, des galopades de pas sans nombre, puis le silence se fit, un silence absolu, au bout d'une dizaine de minutes duquel quelqu'un se risqua à ouvrir la porte.

---

1. Imitateurs du très célèbre tragédien Talma (1763-1826) qui prit le parti de la République et dut pour cela quitter la Comédie-Française, subventionnée par la monarchie.
2. Prestidigitateur fameux qui présentait ses tours au cours de Soirées Fantastiques dans un théâtre des Grands Boulevards parisiens.

Seuls quelques sergents de ville se promenaient de long en large sur le trottoir désert, puis, quelques passants s'étant montrés, nous crûmes pouvoir en faire autant. Maman et moi enfilâmes bien vite la rue Drouot et la rue du Faubourg-Montmartre, où les gens remontaient en une hâte néanmoins sans désordre du côté des rues Notre-Dame-de-Lorette et Fontaine-Saint-Georges, puis nous obliquâmes par la rue Saint-Lazare, et, arrivés à la rue Blanche, fûmes témoins de l'arrestation, par quelques hommes en blouse sortis de chez un marchand de vins, d'une voiture du train conduite par deux cavaliers qui, vu la résistance impossible et inutile, mirent pied à terre aussitôt. N'en voulant pas connaître davantage, nous fûmes bientôt de retour rue Saint-Louis sans avoir rencontré rien d'anormal. Les deux tringlots[1] dont il vient d'être question furent les *seuls* soldats que j'aie vus à cette date trop militaire, d'après plusieurs témoins du Quatre Décembre mil huit cent cinquante et un.

1. Soldats appartenant au corps du train des équipages.

6

Jusque-là, et depuis lors, je n'avais et je n'ai jamais été ce qu'on peut appeler malade : car je ne compte pas le rhumatisme et ses suites, qui m'embêtent vraiment, m'empêchent dans mes affaires et m'ont valu la dèche[1] et tout le bataclan[2], et depuis près de dix ans font de moi une espèce d'infirme bien portant, souvent rageur et parfois abattu... Mais on dit qu'avant la grande échéance un chacun doit payer son tribut, sa dette pour parler plus modernement. Un soir donc, je me sentis pris de fièvre : rien de délicieux comme un commencement de fièvre : c'est volatil, les idées (de pensée, on n'en a plus et quel bon débarras !) tourbillonnent en s'entrelaçant et se désenlaçant sans cesse et toujours. On ne sait plus *où* on *en* est, sinon qu'on s'y en trouve bien et mieux. C'est un peu comme certain moment de l'ivresse où l'on croit se rappeler qu'on a vécu le moment où l'on est, et le vivre, ce moment-là. Seulement, ici, la sensation est si vague qu'elle n'en est plus sensation, mais caresse indéfinie, jouissance de néant meilleure que toute plénitude. Je remplirais un chapitre et un volume à vouloir analyser cette sorte d'état que je n'ai jamais éprouvé, autant qu'à ce moment de ma vie. Comme j'avais fait part à mes parents du changement survenu dans le train normal de ma santé, qu'une perte soudaine d'appétit et une volubilité inaccoutumée de mes discours qui

1. Manque d'argent (familier).
2. « Et tout le reste » ; le mot seul est une onomatopée familière.

commençaient à devenir incohérents les renseignaient d'autre part, ainsi que l'ardeur suspecte de mon teint, et qu'ils se montraient inquiets, je me crus en péril de mort et je me disais, Louis XIV au petit pied, « que ce n'était pas si pénible que ça de mourir » ; puis ma tête par degrés s'alourdit, les veines me brûlèrent et je m'endormis d'un sommeil aux mille rêves qui continuaient dans mille réveils en sursaut. Bref la maladie, une fièvre muqueuse, se déclara très forte et dangereuse. J'eus un délire violent et multiforme, tantôt riant, tantôt sanglotant, hébété tour à tour et raisonneur. Un épisode m'en fut raconté qui est assez bizarre : la table de multiplication et la liste des départements avec leurs chefs-lieux et sous-préfectures, ces deux bêtes noires des petits écoliers, chimères[1] accroupies sur ma poitrine haletante, revenaient souvent dans mes divagations où j'en faisais, avec le système métrique, autre Croquemitaine, un amalgame qui eût été amusant dans toute autre circonstance. C'est ainsi qu'entre deux assoupissements entrecoupés de paroles inintelligibles il m'arrivait de « dire » par exemple : « cinq fois huit Saint-Brieuc, Lannion, Loudéac ; Vendée, La Roche-sur-Yon, déci, centi, milli ; décamètre, dix mètres fois Poitiers, Châtellerault, Civray, Loudun, Montmorillon... »

Des soins infinis me sauvèrent, la convalescence se fit lentement, d'abord douloureuse, puis pénible, impérieuse, impatiente, puis paisible et câline en réponse aux gâteries prudentes

1. Monstres mythologiques, moitié lion, moitié dragon (allégorie de l'oppression cauchemardesque : « accroupies sur ma poitrine haletante »).

dont me bénissait ma mère pour qui je conçus, de l'avoir vue, ou plutôt perçue, si bonne, tout dévouement, tout veilles, tout réveils incessants, pendant le fort de la crise, une affection toute nouvelle. Au naïf, presque sinon tout à fait instinctif attachement dont l'avaient jusqu'ici entourée, assiégée ma faiblesse et mon ignorance, succéda dès lors l'amour filial, instinctif aussi et qui est, comme disent si bien les bonnes gens, dans le sang, mais de plus à présent, pour ainsi dire, raisonné tout en restant, pour la vie, déraisonnable, reconnaissant et plus et mieux que cela, conscient d'être à son tour capable de dévouement et susceptible de sacrifice. Et ce sentiment tout-puissant, et doux et bon par excellence, se manifesta tout d'abord par une soumission souriante, au fond attendrie jusqu'à en avoir une envie délicieuse de pleurer. Il n'y eut pas de tisane assez amère, de drogue trop dure pour me tirer, quand offerte par Maman, autre chose qu'un sourire j'oserai dire de béatitude, et, lorsque arriva la guérison, d'étreintes assez étroites, de baisers assez forts puis assez tendres et mouillés de quelques larmes brûlantes sur ses joues et sur ses mains, et rafraîchissantes (ô combien !) à mon pauvre cœur d'enfant encore si pur alors, et, au fond, depuis (toutes les fois que je pense à ma mère), à mon pauvre cœur d'homme malheureux par ma faute, et faute de l'avoir eue toujours sous les yeux, même morte, surtout morte qu'elle est maintenant. Mais non, elle vit dans mon âme, et je lui jure ici que son fils vit avec elle, pleure dans son sein, souffre pour elle et n'est jamais un instant, fût-ce dans ses pires erreurs (plutôt faiblesses !), sans se sentir sous sa protection, reproches et encouragements, toujours !...

– « Maintenant que le petit est guéri, que toute crainte de désordres et de pillages a disparu, – dit un jour mon père qui, comme tout le monde, en ces temps, avait eu peur d'un bouleversement et d'une conflagration immédiate, dont les nôtres ne semblent pas exempts non plus d'être menacés dans tels très brefs délais, – si nous le mettions au lycée. Qu'en dis-tu, lapin ?

« Le lapin », c'était moi que mon père se plaisait à appeler ainsi, naturellement fier à la pensée d'avoir un képi, une tunique et de faire des « études », répondit :

– « Oh ! oui, alors ! »

Ma mère préférait une pension qui me conduisît au lycée. Une pension, c'est plus familial et j'y aurais un peu de paternité (elle pensait : de maternité) avec les avantages scolastiques[1] (elle pensait : et officiels, profitables, pratiques, pour plus tard) du lycée.

On se décida pour une bonne pension qui me conduisît au lycée.

Souvent dans mes promenades en famille, en passant par la rue Chaptal, venu des Batignolles, j'avais remarqué presque à l'entrée, à gauche, une grille donnant sur une cour pavée avec un corps de bâtiment et, ensuite de la grille, troué d'une petite porte d'entrée, un long mur avec de grands panneaux de bois noir suspendus, tenus par des clous dorés où il y avait en lettres d'or des mentions de toutes sortes de choses enseignées :

1. Propres à l'école ; désignent ici les avantages professionnels procurés par l'instruction.

« Préparations aux Écoles spéciales, Baccalauréat, Licence, Enseignement secondaire et primaire, Cours du Lycée Bonaparte et du Collège Chaptal, etc., etc. » Au-dessus de la grille il y avait un écriteau en long, de bois noir également, avec, aussi en lettres d'or, plus grandes : « Institution L... ». Cette pompeuse façade m'avait séduit et j'exprimai à mes parents le désir d'y entrer, désir qui, après renseignements pris et obtenus bons, fut exaucé.

Ce fut presque joyeux, moyennant promesses de venir me voir très souvent, que j'y fus conduit par un après-midi. Le maître de l'établissement, officier d'Académie, chevalier de la Légion d'honneur et, ce qui à cette époque marquait bien, capitaine dans la garde nationale fort épurée et triée sur le volet d'après le Deux-Décembre, un grand homme assez corpulent, complètement rasé comme il était encore d'usage à cette époque dans la bonne bourgeoisie, de prime abord m'imprima une certaine révérence. Il parlait un peu sec mais d'un ton franc et ce fut sans boniments[1], comme on ne disait pas encore, sans insistance qu'il fit l'éloge de son établissement, « très connu » de père en fils et qui s'enorgueillissait d'avoir produit des hommes remarquables et marquants par exemple, M. Sainte-Beuve[2]. Il nous fit ensuite visiter les dortoirs qui ne me parurent pas trop maussades avec leur carreau rouge bien ciré, leurs hauts murs

1. Propos mensongers (argotique).
2. Écrivain français (1804-1869) auteur de *Vie, poésies et pensées de Joseph Delorme* (1829). Il reste célèbre pour ses critiques littéraires fondées sur l'examen précis de « l'individu-talent ». Verlaine en fait le portrait page 139.

peints en vert clair et les rangées de lits bien blancs flanqués chacun d'une petite commode et d'une chaise, le réfectoire qu'une odeur point trop désagréable de soupe et de légumes emplissait. Aux murs il y avait des cartouches bleus ceints de lauriers peints où se détachaient en blanc des noms de lauréats aux Concours généraux : celui de Sainte-Beuve était le dernier. Quelques places vides restaient : « Votre fils y sera un jour », dit sérieusement, me parut-il du moins, M. L...

Hélas ! sa prophétie ne devait pas se réaliser.

7

J'aborde ici un temps bien intéressant – selon moi – mais bien scabreux[1], comme difficulté d'écriture et lutte contre des minuties à exprimer, des nuances presque infinitésimales qui ont, à mes yeux, leur importance très sérieuse, encore qu'elles soient puériles dès le début, mais pour devenir adolescentes... et c'est le diable, alors, à confesser, sa propre adolescence, quand elle fut la mienne! Cette très sincère et le moins atténuée possible exposition de mes débuts..., en bien des choses, n'ira pas sans d'assez grands tirages en mon for intérieur et sans de dures concessions aux usages adoptés en matière de style autobiographique, – mais titre oblige, et puisque l'on m'a un peu imposé celui qui crie « gare! » en tête de ces « notes », j'essaierai, après Rousseau (j'invoquerai même saint Augustin, qui daignera peut-être, à certains moments, diriger ma plume, hélas! si profane et si indigne!) de dire la vérité vraie sur moi, un moutard[2] de neuf à seize.

Toutefois, n'allez pas croire à des horreurs par trop, – mais à un scrupule non exagéré, voilà tout, et ce serait déjà trop.

Le jour de mon entrée « à la pension », comme d'instinct, ou plutôt, d'instinct tout court, j'eus horreur, pas peur, horreur, non de la salle d'étude aux pupitres noirs, à l'odeur pédestre et encore autrement, à la chaire cent fois repeinte en jaune-brun, cent fois s'écaillant, d'où *nous* dominait mal et maladroitement

---

1. Embarrassant, parce qu'indécent.
2. Petit garçon (familier et péjoratif).

le pion détesté et en revanche haineux et injuste (pauvre garçon, poète ou étudiant par trop pauvre, ou, alors pion de métier, il y en a, et de consciencieux, et de féroces, – et d'autres !), détestable en tout cas ; non du décor, triste malgré, pour un enfant, la nouveauté (Louis XVII au Temple) ; mais peur, mais horreur des camarades déjà disciplinés, indisciplinés, devrais-je dire, profitant de la moindre occasion pour faire du boucan entre deux silences trop serviles pour être bien vraisemblables, ou dans des bras sur l'épaule ou sous la table témoignant deux à deux d'un zèle extrême à l'étude commune d'un texte à réciter tout à l'heure ou à remettre demain, au Lycée Bonaparte ou au Collège Chaptal, dont l'Établissement était comme qui dirait un des suffragants[1].

Par-dessus le marché, comme j'étais entré à l'Institution vers quatre heures de l'après-midi et que la classe de la division des petits, dite élémentaire, étant en train, il importait de ne pas la déranger, on m'avait placé dans l'étude des moyens de 12 à 14, 15 ans, revenus de Bonaparte (les *Chaptaux* avaient leur étude à part) ; et c'était la coutume pour les élèves de cette catégorie qui étaient punis, de subir, en forme de pensum, une espèce de dictée latine ou française *épelée* mot par mot, d'après le livre, par l'un des patients, à haute et intelligible voix, sur le rythme un peu de ces sortes d'exercices dans les écoles primaires : « B, A, ba, Baba, B, É, bé, Bébé. » Ce jour-là, le texte était emprunté

1. Personnes ayant le droit de vote dans une assemblée. Désigne ici les établissements scolaires ayant le privilège de choisir les futurs élèves des prestigieux lycées Bonaparte et Chaptal.

à *Télémaque*[1] et au chapitre de cet ouvrage où se trouve le récit de la descente aux Enfers, du fils d'Ulysse, et le garçon chargé de la dictée, l'un des plus âgés de l'étude, doué de cette grosse voix virile dont sont si fiers les gamins en voie de puberté, forçait encore cette voix et, dans l'intention non équivoque de faire enrager le maître d'études, scandait furieusement son épellation. C'était en hiver. Quatre lampes à suspension pourvues d'abat-jour métalliques jetaient sur les quatre tables noires de la salle une lumière dure qui rendait l'ombre des murs d'autant plus sombre et, pour mes yeux inaccoutumés à des aspects aussi sévères, comme effrayante. La voix terrible allait toujours évoquant le Phlégéton[2], géton, Rhadamanthe[3], damanthe, etc., – et c'était très impressionnant, je vous assure. Même c'était trop fort pour le premier jour et ma mauvaise impression fut si intense que j'eus grand'peine à réfréner une envie de pleurer.

Une cloche sonna qui annonçait l'heure d'aller dîner. On se mit en rang deux par deux, moi accolé à un élève de ma taille et qui, durant l'assez long trajet de la salle d'étude au réfectoire, ne me dit pas un mot et, en place, se retourna plusieurs fois vers l'un des deux camarades qui nous suivaient, lui murmurant entre haut et bas des choses évidemment sur mon compte que je ne pus bien discerner, à cause du bruit des pieds traînant ou sautillant sur le chemin pavé que suivait la longue bande éco-

---

1. Fils unique d'Ulysse et de Pénélope, dont les aventures ont servi de prétexte à Fénelon pour son roman didactique inspiré des aventures relatées dans *L'Odyssée* (première partie).
2. Fleuve de feu des Enfers.
3. Fils de Zeus et d'Europe ; l'un des juges des Enfers.

lière, mais que je devais, à bon droit, sans nul doute soupçonner véhémentement d'être plus ou moins malicieuses, sinon tout à fait malveillantes.

Le réfectoire, dont j'ai déjà parlé, contenait trois longues tables, celle des grands au milieu, des moyens et des petits, dont j'étais, à droite et à gauche, plus celle des maîtres d'études, plus petite, dans un coin à gauche en entrant, face à la porte de la cuisine, toutes quatre en marbre noir, sans nappe. Avant que l'on pût s'asseoir, un surveillant en chef que l'on appelait, ainsi que ça se fait encore, je pense, maintenant, dans les établissements de ce genre, « Monsieur l'Inspecteur », dit le *Benedicite* traduit en un français qui enlevait toute la beauté du latin ; ainsi dans les sous-entendus de sa concision, ce prologue si plein de choses, « *Benedicite, Dominus* » était remplacé par un simple signe de croix : « Au nom du Père, etc. » que suivait platement ceci : « Bénissez-nous, Seigneur, ainsi que la nourriture que nous allons prendre », au lieu du cordial et comme tangible « *Nos et ea quae sumus sumpturi benedicat* DEXTRA CHRISTI »[1].

C'est vrai que cette prière était à l'usage d'écoliers (dont plusieurs cependant étaient des rhétoriciens[2] et des « philosophes »), mais... lisez plutôt Chateaubriand au sujet du besoin qu'a l'humanité vis-à-vis des Puissances célestes d'un langage mystérieux où soient impliqués, dans l'hommage et dans la

1. Version originale, en latin, du *Benedicite* (l. 83) dit en français. Verlaine, citant de mémoire, fait une erreur de déclinaison : « *Benedicite Domine* » (et non « Dominus »), « Bénissez-nous Seigneur ».
2. Personnes savantes dans l'art de bien parler.

supplication qui n'en est d'ailleurs qu'un accessoire, les besoins inconnus d'elle-même, la pauvre humanité !

C'est à ce point vrai que même les Protestants anglais emploient dans leurs offices religieux, si beaux qu'ils en sont presque catholiques (moins la cordialité, bien entendu, l'intime et la révérence toute filiale), le vieux langage du temps d'Élisabeth et d'avant elle, presque ou plutôt tout à fait incompréhensible aux bonnes gens qui n'en psalmodient pas moins à l'église efficacement pour leur salut, n'en récitent pas moins le matin et le soir à leur chevet le *Pater* et le *Credo* dans les termes littéralement qu'employaient les premiers Puritains !

La soupe fut servie, combien médiocre au prix des consommés parentals ! Du bouilli s'ensuivit, sec autant qu'était délicieusement entrelardé le bœuf d'à la maison avec son cortège de ces légumes divins dits du pot-au-feu : vinrent des haricots... rouges... de ne ressembler en rien aux farineux tendres et blancs, sous des condiments « puissants et doux » de la bonne table de papa et maman. En fait de dessert, une pomme, comment déjà ? calvi, reinette, non certes, mais si peu mûre et tant meurtrie !... (ô les desserts de la rue alors Saint-Louis-des-Batignolles !) Et l'abondance dans la pourtant si belle timbale d'argent avec un beau V gravé et un beau 5 qui était mon numéro, l'abondance, mot charmant, seul mot vraiment digne d'être proféré, odieusement détourné de son sens, pour s'appliquer à une sorte d'eau de rinçure de bouteille que c'eût été encore un abus d'appeler de l'eau rougie ! Cette boisson pire que de l'eau tiède, je la comparai avec le doigt de bon vin pur qui m'était octroyé chez nous au dessert du déjeuner et, après la soupe, à dîner. C'en était trop ! ces impressions gastronomiques jointes à celles de l'étude sinistre et de la lugubre dictée me dictaient, sinon mon devoir du moins l'acte à faire.

Et profitant, au retour du réfectoire, de la porte ouverte pour le départ des externes et de la confusion produite par ce départ croisant la théorie[1] des pensionnaires revenant du réfectoire, – je m'enfuis.

1. Procession ; défilé des pensionnaires s'avançant les uns derrière les autres.

8

Ce saut dans l'inconnu de la rue et du soir, d'un pauvre petit garçon épouvanté de se trouver sans ses parents, s'accomplit si vite, comme toutes les grandes déterminations, et si heureusement, sans accrocs ni rien, que j'en restai une seconde comme étourdi, – une seconde, après quoi je m'orientai du premier coup... Je ne fus pas un quart d'heure à faire le trajet de la pension à la maison. La grande affaire, par exemple, était de me trouver en face de mes parents ; tous mes petits principes de déjà s'agitaient dans ma jeune conscience, rassurée au fond, sous la forme plutôt de scrupules. Je raisonnais à peu près ainsi : « Voyons, tout de même, enfin ! Papa et Maman m'ont mis en pension pour mon bien. Ils savaient ce qu'ils faisaient en agissant ainsi. J'aurais dû rester et attendre un peu. On serait venu me voir, pour sûr, demain... Décidément c'est mal. Ça va leur faire de la peine... Et puis, qu'est-ce que dira le maître de pension ? » Cette dernière considération, si naïve et bien d'un enfant craintif et gâté comme je l'étais m'obsédait surtout, car j'étais, au fond, bien sûr du prompt pardon de mes parents qui, je le sentais sans m'en rendre compte, verraient plutôt là encore une preuve d'amour filial que d'instinct vers la maison douce et commode, et dans ma démarche, le bon petit chien fidèle et non le chat habitueux purement et simplement. En vérité, il y avait bien un peu de l'un et de l'autre.

Je courais donc, sans hésiter un instant, sur la direction la plus courte. Très souvent mené en promenade par mon père dans ces parages précisément des quartiers Vintimille et Notre-

Dame-de-Lorette, je n'avais pas à me tromper ; et c'est, par le demi-brouillard et sous la lueur humide des becs de gaz encore primitifs – ou tout comme – de cette époque reculée formidablement vite, que j'allais de toute l'agilité de mes petites jambes qu'un torrent, qu'un incendie n'eût pas arrêtées, me garant des passants inattentifs et d'ailleurs peu nombreux, insoucieux moi-même de mon allure assez bizarre, avec ma tête nue (ma casquette à larges bords, de courte visière, et son long gland de soie floche[1] pendant à gauche, était restée à l'étude) et mes cheveux ébouriffés du vent furieux de ma course...

J'arrivai enfin, traversant en quelque sorte d'un bond le large vestibule du premier escalier d'où le concierge, un Espagnol avec le fils de qui j'avais naguère fait des petites chapelles à la Fête-Dieu et allumé des feux d'artifice en miniature dans la grande cour que ce soir-là je traversai à perdre haleine, d'où le concierge, dis-je, m'aperçut et me cria : « Bonsoir, monsieur Paul, mais pourquoi courez-vous ainsi, nu-tête ? »

J'avais, en vérité, bien autre chose à dire et à faire qu'à lui répondre, et ce fut d'un trait que je grimpai *notre* premier étage et d'un geste réitéré que je tirai le cordon de la sonnette avec quel cœur qui battait, qui battait ! La bonne m'ouvrit, fit un ah ! et allait prévenir quand, la bousculant en arrière, je tombai plutôt que je n'arrivai dans la grande sombre salle à manger où l'on dînait... Je tombai... dans les bras de ma mère et puis de mon père – et de ma cousine Élisa – et de mon cousin Victor, son frère, tout petit, tout

1. Se dit de fils mous et flasques comme ceux qui terminent le cordon de la casquette de l'enfant.

trapu, avec la moustache en crocs, et le fer à cheval du chasseur de Vincennes qu'il était. Instinctivement ou cordialement, ou les deux tout ensemble, chat ou chien, j'avais vaincu.

Dans les yeux, au fond peu surpris, dans les bras tendus presque d'avance et si vite autour de mon cou, dans les baisers doux et longs de ma mère et de ma cousine, vifs et barbus de mon père et de mon cousin, je perçus bien vite toute indulgence sinon quelque approbation de par-derrière la tête... Et je me mis à pleurer délicieusement en expliquant mes raisons qui furent admises tout de suite et, plus tard – quand, à la question « as-tu faim ? » j'eus répondu de la bouche et des dents, savourant le bon potage au tapioca, le tendre poulet, et... je ne me rappelle plus quoi en fait de légumes et de desserts, et bu, avec délice, le doigt de bon vin pur (pas de café le soir, ça empêche de dormir) – paternellement, maternellement, et mieux qu'amicalement combattues et réfutées. Convaincu que j'avais eu tort tout de même, je promis de me laisser reconduire à la pension le lendemain, après-midi – et j'allai me coucher, pour la dernière fois... jusqu'aux vacances de Pâques, dans mon petit lit où je dormis à poings fermés.

Le lendemain vint, toutefois, et je tins à honneur de *bien*, de gentiment remplir ma promesse. Ce fut mon cousin qui se chargea de me reconduire et d'expliquer au patron les choses et d'excuser ma fugue de la veille.

Pendant le trajet, il m'exhorta à être homme, à me considérer un peu comme au régiment ! Que diable ! j'étais d'une famille de militaires, et de même que lui (vieux sergent, grognard d'Algérie, qui devait plus tard, rengagé par deux fois, faire les campagnes d'Italie et du Mexique) s'était habitué à la vie du régiment, je devais m'accoutumer à celle de collégien. Je me ferais des camarades, si je témoignais d'un bon caractère, d'un bon, mais pas d'un trop bon. Ne pas trop, par exemple, laisser les loustics[1] se moquer de moi, me battre au besoin, une bonne fois ou deux, après quoi tout irait comme sur des roulettes, etc., etc.

Il parla si bien que ce fut presque joyeusement que je rentrai dans ce « bahut[2] », mot que je devais connaître le jour même, d'où je m'étais sauvé si navré la veille. D'ailleurs pas médiocrement fier de mon compagnon chevronné, à la face hâlée, au « bouc » épais un peu grisonnant déjà, dans son uniforme sombre si populaire alors et encore !

Il fut, comme bien on devine, facilement passé condamnation sur mon escapade, et c'est allègrement, le cœur léger, et plein de bonnes résolutions que je fus présenté par M. L... au professeur de la classe élémentaire où je devais passer un an avant de faire partie des élèves que la pension conduisait au lycée, alors Bonaparte, Condorcet depuis, après avoir passé par Fontanes entre temps.

Dans ce milieu qui était bien le mien, composé d'enfants de mon âge, de familles bourgeoises, gentils et timides pour la plupart, je m'apprivoisai vite et me plus si bien par la suite que,

1. Farceurs, plaisantins (archaïque).
2. Collège ou lycée (métaphore – argotique – par analogie de fonction avec un coffre – ou une grande « boîte » – qui renferme de nombreux objets).

véritablement comparable aux peuples heureux qui n'ont pas d'histoire, c'est, peut-être, ce passage d'une année dans cette petite classe paisible aux récréations prises dans une cour spéciale où la surveillance était plus facile et, par le fait incessante, c'est peut-être, oui, la période de toute ma vie dont je me souviens le moins. J'ai beau fouiller dans ma mémoire, je ne vois, dans ce lointain, rien, absolument rien, non seulement de saillant, mais d'existant : éclipse totale de souvenirs, du moins quelque peu dignes d'être rapportés dans cette plutôt minutieuse revue d'une vie beaucoup en nuances...

Et je veux reprendre ce récit à l'époque, qui simultana[1], de ma première communion à mon entrée au lycée.

On nous conduisait à la messe dans une église en bois sise dans le milieu de la rue de Clichy, et qui était provisoire en attendant l'érection, en face de la Chaussée d'Antin de « l'élégante » Trinité qu'on sait. Quant au catéchisme, c'était rue de Douai, – près du square Vintimille alors fermé au public et orné d'une statue en marbre blanc de Napoléon Ier, à laquelle il arriva une nuit une malodorante aventure, – qu'on nous menait l'entendre dans une chapelle disparue depuis, ou, du moins, je le crois.

1. Se produisit en même temps (que la première communion). Dérivation de l'adjectif « simultané » (néologisme).

9

Laides, église et chapelle : l'une avec ses colonnes romanogothiques peintes à la détrempe, en rose et vert clair, son autel gothico-roman chromolithographiquement[1] décoré de même, ses autels des bas côtés tout petits et par trop pauvrement prétentieux sous un vitrail d'Épinal à la douzaine et, au long des murs verdâtres et rougeoyants de moisissures et... de couleurs de chez le mauvais marchand, un chemin-de-croix signé... rue Bonaparte : – l'autre son chemin-de-croix signé... rue Saint-Sulpice, ses bancs, son autel, sa chaire-bureau, de ce jaune-pisseux... et pire ou mieux au choix, son plafond presque d'appartement, le tout avec des prétentions confortables dans le délabré, par-ci par-là un prie-Dieu de velours grenat pour les mamans et des chaises de paille multicolore, à la belge, pour les papas et les messieurs du clergé, désireux d'assister, mamans, papas et messieurs du clergé, à l'enseignement spirituel « prodigué » à leurs chère progéniture et tendres ouailles[2], – et celles-ci ! – pour quelques gamins comme moi, alors, je le dis sans plus de modestie que de droit presque encore innocents ou... à demi, encore, ignorants du péché, « péché honteux », du « vice impur », – un flot de galopins déjà vicieux, à moitié flétris dans la fleur de leurs douze ans, ironiques, incrédules, qui chantaient « *Ah, si tu crois que j't'aime* » sur l'air de « *Esprit Saint, descendez en nous* ! »

1. À la manière d'un impression lithographique en couleur. Dérivation de l'adjectif (néologisme).
2. Brebis (métaphore de « chrétiens » par analogie avec le « troupeau » des fidèles devant le « berger » : le curé).

Laides, église et chapelle. Affreux et odieux, pour la plupart, les « gosses » du catéchisme dont j'étais, moi, encore aimable et naïf.

De l'enseignement en lui-même, qu'en dire ? C'était à peu près comme la messe basse que nous entendions le dimanche de grand matin, dans l'étroite église provisoire de la rue de Clichy, blottis dans un recoin qui était le baptistère, – correcte, sèche, – et pas longue, la messe.

Pas assez du moins pour moi vraiment, j'y insiste, qui, élevé sans fanatisme par des parents, point dévots, mais d'une religion plus que ce qu'on appelle *raisonnable* dans les milieux bourgeois, avais l'intuition des beautés ou plutôt des bontés vraies de la doctrine chrétienne ou plutôt catholique, en attendant qu'après un long temps d'erreurs de toute sorte et de fautes violentes, je dusse, en un jour de malheur, et de bonheur, exhaler mon âme convertie en des vers qu'on a bien voulu trouver remarquables.

Et ma première communion fut « bonne ». Je ressentis alors, pour la première fois, cette chose presque physique que tous les pratiquants de l'Eucharistie[1] éprouvent, de la Présence absolument réelle, dans une sincère approche du Sacrement. On est investi. Dieu est là, dans notre chair et dans notre sang. Les sceptiques disent que c'est la Foi seule qui produit cela en l'imaginant. Non. Et l'indifférence des impies, la froideur des incré-

1. Sacrement de la communion qui perpétue pour les catholiques le sacrifice du Christ.

dules, quand, par dérision, ils absorbent les Saintes Espèces[1], est l'effet même de leur péché, la punition temporelle du sacrilège...

Ma confession générale avait été scrupuleuse : je me souviens de m'être accusé de vol parce que ayant par mégarde emporté de chez une épicière de la rue des Dames deux images d'un sou au lieu d'une ! C'était bien, n'est-ce pas, cela ?

Or, dans l'après-midi du jour le plus beau de la vie, selon Napoléon Ier, après avoir été confirmé de la main de l'infortuné évêque Sibour[2], qui devait périr assassiné quelque temps après de la main d'un prêtre interdit, comme j'étais invité par la mère d'un camarade du catéchisme à prendre le thé chez eux et qu'il se trouvait que feu son mari avait servi dans l'artillerie elle me dit : « Mais, puisque Monsieur votre père est un capitaine du génie en retraite, il a dû connaître mon pauvre mari à l'École polytechnique... » Et moi qui savais que mon père, d'ailleurs lui-même fils d'un notaire et qui, petit clerc de ce dernier, s'était à seize ans engagé pour la campagne de France et avait passé très vite du rang au grade d'officier dans un corps où il fallait les mêmes études qu'à l'École, je répondis : « Ô certainement oui. » Ce gros et laid et bête mensonge me pesa quelque temps ; après quoi, pour en finir avec mes opinions religieuses d'alors (ô misère ! un enfant de douze, puis de treize ans !) l'année d'ensuite, lors du renouvellement de ma première communion, avec d'autres polissons de treize ans, je le répète à dessein ! je refusai de me confesser.

1. Le pain et le vin qui, selon la doctrine catholique, contiennent le corps et le sang de Jésus.
2. Évêque de Digne, puis archevêque de Paris (1848) qui fut poignardé par un prêtre qu'il avait frappé d'interdit.

Vous voyez bien que nous *valions* à cette époque les jeunes libres-penseurs, potaches ou macrotins[1], de ces jours-ci ?

Quittons, pour y revenir peut-être plus tard, ces choses réparables, – puisqu'elles furent réparées bien des années après, et mémorablement alors, et depuis.

Le jour de mon entrée au lycée suivit de près celui de ma première communion. Moins solennel, il fut important, lui aussi. Pensez donc ! il s'agissait d'être lycéen, de faire « des études », d'être parmi les moyens à la pension, – et la pension avait un uniforme tout comme les lycées d'internes, et le patron préférait que ses élèves eussent un uniforme pour aller au lycée (le lycée n'avait pas, lui, d'uniforme).

On y allait deux fois par jour, excepté les dimanches et les jeudis. Je *nous* vois encore, en longue file, descendant la rue Blanche, arpentant la rue Saint-Lazare et circulant parmi l'encombrement écolier du petit bout Nord de la rue Caumartin, qui nous faisait aboutir en face de la lourde porte « monumentale », entre les fontaines non moins monumentales, « ornées » de têtes de lions, dignes d'être ceux de l'Institut, qui étaient, comme leurs doctes confrères, censés cracher de l'eau ou en vomir, comme vous voudrez, mais qui restaient le plus souvent à sec.

J'étais désigné pour la septième... J'entrai chez le père Robert, un homme âgé, vif comme la foudre et qui punissait

---

1. Déformation possible de « macrobes » pour vieillards (néologisme rabelaisien) qui s'opposerait ainsi à « potaches » (jeunes gens).

ferme. En ce temps-là les professeurs portaient la robe et la toque, et les prières d'avant et d'après la classe – celle-ci, de prière, au son du tambour que battait dans la cour un garçon qu'on appelait, de mon temps du moins (pourquoi ?) Suce-Mèche – étaient en latin : *Veni, sancte Spiritus... Sub tuum...*[1]

Je commençai, comme je devais finir, avec du zèle et du succès dans l'intervalle, par être un cancre, mot affreux, sens large et plus clément que rébarbatif au fond, et les punitions ne me furent pas épargnées par l'excellent professeur. Le latin m'amusait encore un peu, mais la mathématique (ô cette règle de trois, je la comprends moins que jamais, tout en la raisonnant un tantinet mieux qu'alors !), mais l'histoire (des dates !), la géographie (des noms !), m'embêtaient ferme.

Le premier de la classe, grosse tête ébouriffée et maligne, était toujours M. Marius Sépet. Moi, je flottais entre vingt-cinq et trente sur trente-cinq.

1. Fragments de prière : « Descends, Esprit saint... Sous ton... ».

10

Il paraît que le mobilier des lycées s'est amélioré. De mon temps, celui de Bonaparte se trouvait furieusement primitif. J'admets que c'était un lycée d'externes ; mais on ne peut pourtant pas voir une raison pour offrir à des fils de gens qui paient cher, de pareils amphithéâtres de purs bancs sans tables devant, ni rien de rien en fait d'autre confortable. Et j'abomine, ici, en plein grand public, les divers régimes, républiques ou monarchies, et *vice versa*, qui se sont contentés de ces sièges pour leurs futurs hommes instruits sérieusement. Voyez-vous cela d'ici ? le cul sur une planche de corps de garde, de violon[1], à plus justement parler ; la poitrine et les épaules courbées vers les genoux où quelque « buvard » était chargé de recueillir dans ces conditions un texte grec ou latin. La chaire même du professeur était un chef-d'œuvre de monstrueuse incommodité...

Ceci dit, parlons un peu, très vite, avant d'en revenir à moi, sujet principal de ces lignes sincères, des braves gens qui m'inculquèrent le peu que j'ai de notions quelconquement[2] classiques. Tous étaient ce que je puis maintenant dire en tout calme acquis cher, avec un tout petit nom tout de même, de braves gens plus convaincus que nos normaliens d'aujourd'hui, gent un peu factice ! instruits, certes, autant, – et moins familiers, ce qui valait mieux, envers les jeunes esprits confiés à leurs

1. Prison (métaphore – argotique – par analogie avec les cordes et les barreaux).
2. De façon banale ; vient de « quelconque » (néologisme).

soins que les échappés modernes de la rue d'Ulm. Mais, ça ne fait rien, quels types, même à distance, et à quelque distance, que les trois quarts de ces excellentes gens !

Je veux abréger la liste et ne contrister personne des rares survivants qui peuvent en faire partie. Mais, nonobstant, mais, néanmoins, mais, en dépit de tout, et quelques considérations qui puissent m'arrêter, laissez-moi, voulez-vous, sourire, un peu, à l'idée, au fond affectueusement évoquée, de ces maîtres de notre jeunesse, produits bizarres d'un tas de révolutions politiques n'aboutissant chaque fois, pour le dire sérieusement, en tout patriotisme, qu'à de l'amoindrissement général, malheureusement !

En sixième, M. M..., où j'étais (je dis où, comme d'un lieu !) camarade de banc avec un Hayem, ce brave M. M... qui passait, entre deux dictées et quatre ou huit ou dix corrections de copies, sa langue sur de la colle à bouche en vue de futurs *devoirs* à « donner » ; en cinquième, M. P..., fortes galoches, vaguement découragé (n'était-il pas un peu « républicain » en ces temps d'empire... impérial ?) fortes, dis-je, galoches[1], le collier de barbe à la Jules Favre et tout indifférence à sa classe ; en quatrième, M. V..., qui avait le tic de se passer un doigt sous le nez à chaque pensum qu'il infligeait ; en troisième, un M. Réaume qui a, je crois, écrit quelque chose chez Lemerre, qui ne m'aimait guère et avait probablement raison, et qui, un jour que, du fond de la salle de classe qui sentait abominablement la

1. Chaussures à semelles épaisses, très bruyantes, parce que faites de bois.

peinture, nous observions – on était en juillet, toutes portes et fenêtres ouvertes – les efforts d'une hirondelle, chue à terre, pour s'envoler, nous dit, spontanément, sans le vouloir ou non :

L'ennui naquit un jour de l'uni... versité ;

En seconde, M. Perrens, historien de Hiéronimo Savonarola et autres pères Hyacinthe, qui me détesta, m'a-t-on dit, et me déteste encore, m'a-t-on dit récemment (pourquoi, mon Dieu ?) ; en rhétorique, M. Durand, son râtelier[1] et sa perruque, et fier de ces parures,

... Empto dente ferox et crine venali[2] ;

M. Deltour, aujourd'hui, je crois, inspecteur d'Académie, auteur des *Ennemis de Racine*, un esprit exquis, qui fut indulgent à ma paresse, mais sévère à mes traductions en vers de Properce, entre autres un... sonnet ! où la fin – *in cauda...* – fin que voici :

L'humble table de chêne et le lit en noyer !

En rhétorique, toujours, et en seconde, je crois, auparavant, M. Desjardins, professeur d'histoire, très intéressant et très éloquent, parlant des Mérovingiens, et M. Camille Rousset

1. Dentier (argotique).
2. « Fier de ses dents et de sa perruque ».

qui nous lisait parfois des fragments de son *Histoire de Louvois*, de sa grosse voix de petit homme vif, vif!

Pour en finir avec cette partie de mes *Confessions* qui concerne la bêtise et l'ennui de l'instruction... bizarre qu'on... donnait, de mon temps, aux petits des bourgeois, en attendant peut-être pis, passons à mon passage du baccalauréat.

Voici, dans toute sa gloire, cette chose :

La Vieille Sorbonne, noire comme l'encre du discours latin, vermoulue comme le style de la dissertation française... et si pitoyablement comparable à cet exquis Oxford...

Oxford sur qui j'ai fait des vers absolument inédits en France, et que voici, parce qu'ils expriment un mien «état d'âme» assez récent (1893) :

OXFORD

Oxford est une ville qui me consola,
Moi, toujours rêvant de ce Moyen Âge-là.

En fait de Moyen Âge on n'est pas difficile
Dans ce pays d'architecture un peu fossile.

À dessein, c'est la mode et qui s'en moque fault:
Mais Oxford c'est sincère, et tout l'art y prévaut,

Mais Oxford a la foi, du moins en a la mine
Beaucoup, et sa science en joyau se termine,

En joyau précieux, délicieux : les cieux
Ici couronnent d'un prestige précieux

L'étude et le silence exigés comme on aime,
Et la sagesse récompense le problème.

La sagesse qu'il faut, c'est, douce, la raison
Que la cathédrale termine en oraison

Sous les arceaux romans qui virent tant de choses
Et les rinceaux gothiques, fin d'apothéoses

De saints mieux vénérés peut-être qu'on ne croit,
Et mon cœur s'humilie et mon désir s'accroît

De devenir et de redevenir, loin d'elle,
Cette cité glorieuse d'être infidèle,

Paris ! l'enfant ingrat qui s'imaginerait
Briser les sceaux sacrés et tenir le secret -

De devenir ou de redevenir la chose
Agréable au Seigneur, quelle qu'en soit la cause,

Et par cela même être encore doux et fort,
Ô toi, cité charmante et mémorable, Oxford !

Je commis dans cet amphithéâtre, d'un sale à se brosser toute la vie, un discours latin, une dissertation française, que je voudrais bien ravoir aujourd'hui pour les vendre comme autographes.

Au lendemain, vers onze heures, inquiet, je revins, dans la cour noire et mal pavée, me coller sans espoir, le nez contre l'affiche des « reçus à l'écrit ».

J'étais reçu.

11

Le lendemain, nouvel examen, nouvelles émotions, directes celles-là. Il s'agissait de l'oral, c'est-à-dire de comparaître ou plutôt de comparoir devant les juges en robe comme les autres, ceux de droit commun et, sinon plus sévères qu'eux, tout au moins plus méticuleux et moins expéditifs. Ici, il fallait répondre précisément, nettement, quelquefois dans les plus infinis détails. Nul alibi à invoquer par des mensonges habiles à opposer à des questions plus ou moins vagues, – et aucun avocat !

Mes réponses sur l'histoire passèrent comme une lettre à la poste, mon « numéro » indiquait un parallèle sur César et Pompée, ce pont-aux-ânes[1], que je franchis prestement sans une hésitation, sans un recul (je m'étais si fort intéressé, pourquoi ? mon Dieu, sous la tuition[2] de mes deux excellents maîtres Ernest Desjardins et Camille Rousset, à la lutte de ces triumvirs), et quelques considérations (!) sur le règne, en général, de Louis XIII (les *Trois Mousquetaires* lus en cachette dans l'ombre propice du pupitre de l'étude ne m'avaient-ils pas tout fraîchement préparé à de triomphales et triomphantes répliques ?). J'amenai donc une « blanche[3] » sans peine aucune quant à la partie historique du si terrible « bachot » de ces temps-là.

1. Banalité.
2. Instruction (anglicisme).
3. Couleur de l'une des boules du billard, dit russe. L'emploi plus loin des couleurs « rouge » et « noire » file la métaphore de l'examen-jeu ! Un jeu facile, c'est « du billard » ! (par analogie avec le glissement des boules sur le tapis).

La partie littéraire, où je fus brillant, était présidée par M. Mézières, de l'Académie actuellement et de la Chambre, qui m'examina sur Boileau et sur Bossuet. Or, j'y étais ferré à glace. Autre boule blanche.

Boules blanches également en latin : Cicéron, Tite-Live (qui donc m'interrogeait ?), et en grec, où l'excellent père Haze, l'helléniste en chef de ce temps-là concurremment avec Egger, fut très coulant sur ma plutôt ânonnante explication à livre ouvert d'un chœur de Sophocle et d'une période de ce dur Démosthène.

Mais où la rouge en majorité et quelque peu la noire, prévalurent, ce fut dans la partie Science. L'arithmétique m'embarrassait passablement, la géométrie pour laquelle mon père m'avait pistonné en outre des répétitions spéciales du père Pointu (point U), le frère très scientifique du très littéraire patron de la pension L., n'eut pour ma médiocre érudition en fait d'X que d'assez modestes obstacles à me faire sauter. – Par exemple, en physique, ma défaite fut mémorable.

– Veuillez, Monsieur, me donner la définition de la pompe aspirante et de la pompe foulante.

Ceci était dit par M. Puiseux, un redoutable savant, roux comme David, aux doigts poilus avec des bouts carrés, qui parlait d'une voix trop autorisée, hélas !

Et je répondis :

– Monsieur, la pompe foulante est une pompe qui foule, et la pompe aspirante est une pompe qui aspire.

Il me fut déclaré :

– Très bien, Monsieur.

(Une noire était impliquée dans cette approbation.)

Et voilà comme je fus reçu à l'oral – donc, bachelier ès lettres à vie.

Surprise partout, – dans mon for intérieur d'abord, à la pension ensuite, et surtout chez mes parents peut-être, ravis quand même.

... Et maintenant j'aborde rétroactivement ma vie de collège, m'exposant au blâme des hypocrites, comme eût dit l'hypocrite Jean-Jacques[1], et ne plaidant pas les circonstances atténuantes vis-à-vis de mes atténués[2] contemporains.

Donc, la sensualité[3] me prit, m'envahit, entre douze et treize ans. Je crois même que dès lors je n'ai pas été ne sachant guère rien que mettre mes mains ailleurs qu'à droite et à gauche, sans les reposer là où je le jugeais bon..., ou meilleur... encore!

Ceci dura dans les huit ans. Pitié, Messieurs, et certes, Mesdames, de qui la revanche sur ces en quelque sorte prématurées ambitions, fut telle!

---

1. Rousseau (1712-1778), auteur des *Confessions* (1765-1770).
2. Amoindris, émoussés. Se dit d'ordinaire des non animés; s'appliquant aux contemporains («hypocrites») de Verlaine, souligne leur petitesse morale.
3. Caractère sensuel qui pousse à la recherche des plaisirs sexuels, comme ici la masturbation (l. 62-67).

12

Je dois, pour m'acquitter en conscience des révélations dans lesquelles il me faut entrer, revenir d'un peu loin sur mes pas et parler à nouveau de ma toute prime adolescence, combien différemment, hélas ! des chapitres qui précèdent immédiatement le pénultième.

À l'ignorance quasiment céleste du premier communiant, à l'encore en quelque sorte inconscience du mauvais « renouvelant[1] », devait succéder, parallèlement à l'incrédulité croissante, cette sensualité ridicule et d'autant pire qu'elle reste tristement impuissante... jusqu'à l'explosion prématurée d'une virilité facticement précoce, d'autant pire à son tour.

Ajoutez à ces fatigues auxquelles se mêlaient encore des remords, s'il m'est permis de m'énoncer et de me dénoncer ainsi, l'éveil tant puéril d'ailleurs de l'homme de lettres que j'étais destiné à devenir... Car il paraît que j'étais destiné à devenir un homme de lettres ! Et vous verrez d'ici le petit abruti que je ne manquais pas d'être entre mes quatorze et mes treize ans.

Mes « remords » ne laissaient pas, en outre, d'être parfois amusants, au fond, quand j'y pense, maintenant ! Mon confesseur, quand il me chapitrait à propos de ce fameux sixième commandement[2] dont je devais beaucoup plus et beaucoup trop tard apprécier toute la haute et salutaire importance, avait

1. Catholique qui renouvelle ses vœux de premier communiant – dont fait partie la chasteté, vœu non respecté, comme on le voit, d'où le qualificatif de « mauvais ».
2. L'un des dix, édictés par l'autorité de Dieu. Il concerne le « péché de chair ».

coutume de me préconiser, lorsque le diable me tenterait, la prière, et la prière à mains jointes de préférence. Hélas! je les joignais, mes faibles mains, de mon mieux qui n'était pas toujours le mieux qu'il eût fallu, ni le plus longtemps possible...

L'homme de lettres, disons plutôt, si vous voulez bien, le poète, naquit en moi vers précisément cette quatorzième année si critique, de sorte que je puis dire qu'à mesure que se développait ma puberté, mon esprit, aussi, se formait, à sa façon que voici en quelques lignes...

Mes premières lectures ou, pour parler plus nettement, ma première, toute première, lecture fut, – en dehors naturellement des livres classiques dans l'espèce, *Gamiani*, l'*Enfer de Joseph Prudhomme*[1], l'*Examen de Flora*, les *Œuvres secrètes de Piron*, – fut, dis-je, les *Fleurs du Mal*, Ire édition, qu'un pion avait laissé traîner sur sa chaire et que je *confisquai* sans scrupule. Il va sans dire que je n'avais aucune idée de cette poésie si éloignée de mon âge, nourri, aussi bien, de plus sages « morceaux choisis... » Même le titre fut pour moi longtemps fermé et j'avais dévoré le bouquin sans y comprendre rien sinon que ça parlait de « perversités » (comme on dit dans les pensionnats de jeunes demoiselles) et de... nudités parfois, double attrait pour ma jeune « corruption », – et j'étais fermement persuadé que le livre s'appelait tout bonnement : Les *Fleurs de Mai.*

Quoi qu'il en soit, Baudelaire eut à ce moment, sur moi, une

1. Personnage de théâtre, inventé par Henri Monnier (1799-1877) pour se moquer des bourgeois niais et prétentieux.

influence tout au moins d'imitation enfantine et tout ce que vous voudrez dans cette gamme, mais une influence réelle et qui ne pouvait que grandir et, alors, s'élucider, se logifier[1] avec le temps...

Un certain jour de congé, je « bouquinais[2] » pour, ma foi ! la première fois de ma vie, en compagnie d'un camarade, car on commençait trop tôt, à mon avis d'aujourd'hui, à me laisser sortir seul. Vers le milieu du quai Voltaire, chez un libraire nommé Beauvais, nous avisâmes les *Cariatides*, – et j'avoue que la lecture de ces vers, charmants en vérité et peut-être plus puissants dans leur bouillante jeunesse que les œuvres plus parfaites de la maturité de Banville[3], m'empoigna *sur-le-champ*, bien autrement encore que la condensation et la foncière austérité des *Fleurs du Mal*...

... À ce festin, de toutes parts venus,
Soupaient tous les dons Juan et toutes les Vénus.

... Il n'y eut pas jusqu'aux un brin extravagantes et peut-être un tantinet fumistes strophes *quarante-huit* et phalanstériennes[4] qui commencent par

1. Devenir logique (néologisme, par dérivation de l'adjectif).
2. Cherchais de vieux livres d'occasion chez les marchands « du quai Voltaire » (où se trouvent encore aujourd'hui les boîtes des bouquinistes).
3. Poète français (1823-1891) auteur d'un *Petit traité de poésie française* (1872) vanté par Baudelaire et Mallarmé à la fois pour sa virtuosité technique et son sensualisme délicat. L'un des « maîtres » de Verlaine.
4. Qui appartient au système communautaire prôné par Fourier, philosophe français (1772-1837) dans sa revue *Le Phalanstère*.

Coupe, sein, lyre,
Triple délire
Où ne peut lire
L'œil d'Israël,
Sous ton déisme
Se brise au prisme,
Le synthétisme
Originel...

qui ne séduisissent véhémentement mon goût déjà prononcé pour le tortillé et la phraséologie[1] un peu vague que l'on me reproche, à tort, je l'espère, aujourd'hui, tout au moins.

Banville, d'ailleurs, dans les éditions subséquentes, supprima ce poème que mit en musique... sacrée, le si intéressant Cabaner, l'auteur du *Pâté*, dont voici les vers faits par lui-même, que je vous donne comme inédits :

Décidément ce pâté
Est délicieux; de ma vie
Je n'en ai, je le certifie,
Mangé de mieux apprêté.
Ami Jean, retournes-y!
Va-t'en faire à la pâtissière
    Mon sincère
    Compliment...

1. Emploi de phrases vides de sens. Verbiage.

Excellent,
Excellent!

Je devais, quelques années après ces premières impressions littéraires, connaître et Banville et Cabaner en personne, et bien d'autres aussi de qui il sera question en leur temps comme de Cabaner[1] et de Banville : ce ne sont pas (hélas! et Dieu merci!) les souvenirs de toutes sortes qui me manquent. On me reproche même comme une pose et une affectation d'en publier de droite et de gauche, par trop, tandis que ce n'est, la plupart du temps, de-ci, de-là, que débarras douloureux ou, comme ceci par exemple, que pénibles confessions.

... De mes essais littéraires, je ne dirai rien, sinon qu'ils furent détestables. J'ai d'ailleurs oublié, sauf quelques vers et quelques plans, ces élucubrations[2] parallèles à... de mauvaises habitudes. Il me souvient, entre autres choses, que je pourrais qualifier en quelque sorte de masturbantes, car elles étaient bien le fruit (quel fruit!) de mon seul « intellect » privé de tout commerce avec quoi que ce soit, bon sens, goût, tact, il me souvient donc, de l'ébauche d'un drame sur Charles le Fou (lisez Charles VI) dont le premier acte (celui du bal masqué où le roi brûle à moitié et commence à devenir maniaque) s'ornait d'une ronde orgiaque qui débutait ainsi :

---

1. François Matt, dit « Cabaner », auteur du poème « Le pâté » (pp. 81-82) et de musiques pour des poèmes de Banville, Cros et autres poètes parnassiens. Son nom revient souvent dans les articles consacrés aux *Hommes d'aujourd'hui* (1885-1893).

2. Œuvres laborieuses et peu sensées, « parallèles à... de mauvaises habitudes ». Verlaine juge ironiquement ces activités « masturbantes » stériles et « ridicules ».

Que l'on boive et que l'on danse
Et que monseigneur Jésus
Avecque les saints balance
La chaîne des pendus !

Quant à vous informer de la suite de ce drame, non, vraiment, en bonne conscience, et vous ne le voudriez pas. Bornez-vous à savoir que le second acte, insistant sur le premier et formant en quelque sorte un second prologue, avait pour décor la légendaire forêt où l'infortuné monarque rencontrait une espèce de sauvage, braconnier ou tout simplement ivrogne dont la vue baroque et plus qu'insolite le fait tourner fou définitivement. Et, dans les actes d'après, en avant les Anglais, la guerre de cent ans – *et caetera desiderantur !*[1]

Aussi, le projet, ô antithèse ! d'un *Charles le Sage* : le roi Jean, Étienne Marcel...

Enfin un *Louis XV* en six actes, où un Damien avec une sœur au Parc-aux-Cerfs.

Le sang du peuple il cri'vingince !

déjà...

1. « Et tout ce qu'on voudra », au cas où la guerre de Cent Ans ne suffirait pas !

13

Hélas ! il me faut rétrograder de ces innocents petits efforts vers « l'Art » par devers une psychologie plutôt physiologique, triste en tout cas.

Ce fut aux environs de l'époque où se remuait en moi la manie des vers et de la prose (car je faisais aussi d'étranges nouvelles sous-marines à la façon, plutôt, d'Edgar Poe – car Jules Verne, d'ailleurs jamais très haut coté dans ma curiosité, n'était pas encore inventé, que je sache, – et de quelle façon, justes dieux ! – et des contes dont l'Hoffmann des Frères Sérapion se fût réjoui passablement, tant il y était naïvement plagié) que commença de grouiller dans mon... cœur l'amativité dont j'ai parlé plus haut et, pour brusquer l'aveu ridicule, il m'arriva dès lors d'éprouver à l'endroit de plusieurs camarades plus jeunes que moi et successifs ou collectifs, je ne me souviens plus très bien, la jolie passionnette de l'Esplanade à Metz. Seulement au cas, présent, la puberté venant, ce fut moins pur...

Le voilà dévoilé ce secret plein d'horreur !

Toutefois il n'est que juste de dire avec empressement que mes « chutes » se bornèrent à des enfantillages sensuels, oui, mais sans rien d'absolument « vilain » – en un mot, à des jeunes garçonneries partagées au lieu de rester... solitaires. Il y a là toute une philosophie et surtout une morale que je dégagerai peut-être ici même, bientôt.

Ouf! – en attendant pour plus tard de mieux intéressantes révélations dans cet ordre d'idées et dans d'autres, parlons à nouveau littérature, voulez-vous? puérile et adolescente littérature, l'histoire en abrégé, entendais-je dire, de ma vocation, des mois d'apprentissage préparatoires aux années et aux années d'instruction et d'éducation.

J'avais seize ans, j'étais en seconde, ayant passablement lu d'à peu près tout, poésie, romans, de Paul de Kock à Paul Féval, d'Alexandre Dumas à Balzac, voyages, traductions, le tout dans mon pupitre, les *Misérables* qui venaient de paraître, loués à un cabinet de lecture du passage de l'Opéra, – et j'avais déjà fait plusieurs pièces, les plus enfantinement « farouches » et « intransigeantes », tous les *Poèmes saturniens* tels qu'ils parurent en 1886, sans compter bien d'autres « poèmes » qu'un goût meilleur qu'eux me fit écarter de ce premier livre. Je disais dans le chapitre précédent que je ne publierais ici aucun de ces vers par trop de « jeunesse ». Depuis, changeant d'avis, je ne sais, à parler franc, trop pourquoi, j'ai fouillé dans le reste, encore assez considérable pour être encombrant, de mes paperasses jadis innombrables et dans quel désordre! pour donner quelque idée, au moins, de ma « manière » d'alors. Je n'ai rien retrouvé, mais rien de rien, de ces essais où il y avait pourtant pour le moins autant d'intérêt que dans les *Poèmes saturniens*, tels qu'ils parurent, dans la première collection des poètes contemporains, chez Alphonse Lemerre, en les derniers mois de 1867.

Seuls ont surnagé de ce d'ailleurs peu regrettable naufrage deux sonnets, l'un publié il y a quelque deux ans, lors d'une tournée de conférences, dans un journal de Liège, si je ne me trompe. Qui diable avait déniché ce corbeau d'antan ? Ça s'intitulait l'*Enterrement* et le premier vers allait ainsi :

Je ne sais rien de gai comme un enterrement...

L'autre a été publié naguère dans une chronique de journal du soir par un quelqu'un signant « Pégomas », que je remercie en faveur de la bonne intention ; le voici dans sa forme encore naïve et déjà un peu raffinée. J'étais, quand je le fis, en seconde, ainsi que le rappelle le chroniqueur en question qui, paraît-il, fut mon condisciple au lycée Bonaparte. Voici ce remarquable morceau.

À DON QUICHOTTE

(Je crois même que dans le manuscrit il y avait *Don Quijote* pour plus de couleur locale.)

Ô don Quichotte, vieux paladin, grand bohème,
En vain la foule absurde et vile rit de toi :
Ta mort fut un martyre et ta vie un poème,
Et les moulins à vent avaient tort, ô mon roi !

Va toujours, va toujours, protégé par ta foi.
Monté sur ton coursier fantastique que j'aime.
Glaneur sublime, va ! les oublis de la loi

Sont plus nombreux, plus grands qu'au temps jadis lui-même.

Hurrah!

(Aujourd'hui, mieux avisé, et étant donné que la couleur locale me turlupinât autant qu'en cette période de mes débuts, je remplacerais cette exclamation par trop britannique par le « Olle » séant.)

Hurrah!

donc, puisque *Hurrah* il y a,

Nous te suivons, nous, les poètes saints,
Aux cheveux de folie et de verveine ceints.
Conduis-nous à l'assaut des hautes fantaisies,
Et bientôt, en dépit de toute trahison,
Flottera l'étendard ailé des poésies
Sur le crâne chenu de l'inepte raison!

Il y avait aussi une imitation, ô si inconsciemment impudente, et ô si mauvaise! des *Petites Vieilles* de Baudelaire, laquelle il est à craindre, doit avoir à jamais disparu d'entre les choses comme elle a tout à fait décampé de ma mémoire et qui débutait par ce vers et ces deux hémistiches distants l'un de l'autre d'un quart et d'une moitié d'hexamètre :

Il m'arriva souvent, tous les jours, dans les rues,
De croiser des vieillards et des vieilles...
.... torticolis en grues.

Et enfin un *Crépitus*[1] (bien avant celui, si drôle, de Flaubert), manière de manifestation pessimiste où, après une description d'intérieur de fosse, dans une buée malodorante, – naturellement, – surnaturellement apparaissait le « dieu » qui débitait un discours très amer, direct et méprisant au possible pour l'humanité, sa mère pourtant ! Ici encore, je ne me rappelle que les deux premiers vers de la longue, peut-être trop longue, harangue de l'étrange divinité ; mais, ces vers, ils sont bien, n'est-ce pas ?

Je suis l'Adamastor des cabinets d'aisance.
Le Jupiter des lieux bas...

Sans doute en voilà trop de ces sortes de citations d'ailleurs discrètes, forcément aussi bien, et je reprendrai, avec votre permission, l'itinéraire, en quelque sorte, de mes progrès, si progrès il y eut, dans l'érudition poétique...

Après Baudelaire et Banville, savez-vous – sous, bien entendu, Victor Hugo que j'admirais sans beaucoup l'aimer en somme, alors, – je ne devais me rendre un compte exact de

1. Nom latin d'un pet (sic !), divinisé dans les deux vers qui suivent.

Lamartine et de Musset et d'autres encore, Vigny, par exemple, que beaucoup plus tard, – savez-vous, dis-je, quels furent puissants (éducateurs, oui, éducateurs en même temps qu'en quelque sorte complices) sur ma vocation dès lors bien décidée, mais, à ma première rencontre avec, irrésistible et désormais facile, rudement, durement facile irrésistiblement ?

Vous vous souvenez de ce libraire du quai Voltaire dont je parlais précédemment et chez qui j'avais eu la première connaissance des *Stalactites* de ce magicien de Banville... Eh bien, c'est encore là que me fut révélé ce merveilleux livre de début, les *Flèches d'Or*, d'Albert Glatigny, un tout petit peu avant que je ne lusse *Philomela*, qui marqua si joliment et comme si génialement les débuts de Catulle Mendès.

14

Donc, Glatigny, puis Mendès[1] eurent sur mon esprit instinctivement *camarade*, soit dit pour atténuer le mot de complice plus haut employé, qui serait trop fort en fin de compte, la domination qu'il fallait, moyennant la joie d'avoir raison dans des esprits de mon âge ou d'à peu près mon âge.

Pourquoi – puisque c'était indiqué, – pas cette alliance vers des égaux que je croyais dès alors être et qui sont des égaux admirés ?

Admirés ! oui, – aimés mieux encore.

Car quel camarade, en attendant d'être combien ami, me fut Catulle Mendès, et quel ami avant qu'il fût ce camarade, me devint tout de suite Albert Glatigny ?

Ceci et cela sans connaître en personne ni l'un ni l'autre de ces frères, mais en me récitant, quasiment comme des prières du soir et du matin, las ! oubliées lors, des bouts de vers dans ce genre-ci :

> Ce jour, ma mie Aline avait un chapeau vert,
> Là-bas des cuirassiers retentissants de cuivre...
> ....
> J'aime les fronts hâlés qui portent le hautbert :

1. Catulle, l'un des deux premiers camarades-poètes de Verlaine (l'autre étant Albert Glatigny). Auteur de *Philoméla* (1863) que Verlaine cite abondamment. Il prend part au Parnasse contemporain et fréquente le salon de Nina de Villars (p. 143) qui pourrait être *La femme à l'éventail* du peintre Manet.

Il est beau de mourir plus qu'il n'est bon de vivre.
Et lorsque la bataille effroyable se livre,
Le plus heureux a nom Murat[1] ou Canrobert[2].
....
Arche ! dit en riant mon joli colonel.
....

Et vous voyez qu'il y avait de quoi, en effet, s'emporter de tout son être vers ce jeune talent – si beau déjà !...

Quant à Glatigny, – permettez-moi d'en parler pour l'instant plus longuement, afin d'en mieux revenir à mon non moins glorieux et, j'espère, bien longtemps survivant « compagnon d'armes ».

C'est le mot, car ce fut de notre temps, la mode d'être militant et nous avions encore un peu du sang des Pétrus Borel et de ces Philothée O'Neddy que voici, qui mourraient chez nous, s'il n'y avait encore céans (et céans de nos jours) des jeunes gens, eussent-ils quarante et cinquante ans... avec le diable au corps, par-dessus le marché !

Ce Glatigny ! Son livre, les *Vignes folles*, où toute l'audace, toute la grande belle verve française furent retrouvées pour, Ponchon, que vous les retrouvassiez sous une tout autre forme non moins puissante. Sa comédie : *Vers les Saules :*

---

1. Maréchal de France (1767-1815) et roi de Naples. Il seconde Bonaparte dans ses campagnes d'Italie, d'Égypte et d'Espagne et abandonne son poste pendant la campagne de Russie.
2. Maréchal de France (1809-1895) qui soutient Louis Napoléon Bonaparte lors du coup d'État du 2 décembre 1851.

Je jette à qui le veut mon cœur : je n'en veux plus!

Son volume de dessous le manteau et de derrière les fagots : *Joyeusetés galantes :*

Le poète excellent dont nous t'offrons les carmes,
De son temps, bon lecteur, fut un des bons raillards,
Que l'on vit... sous les armes!

D'ailleurs, acceptant avec orgueil la dureté de sa vie, ayant souffert tout au monde même d'être arrêté par la « maréchaussée » de Corse comme étant l'assassin du président Poinsot, lui qui répondit au procureur impérial :

Or, moi je ne suis rien que le fils d'un gendarme.

ce qui était vrai, et qui, mis au violon se dit :

– Jud[1], alors!

Ces notes sont trop anecdotiques pour que mon cœur et mon goût insistent trop sur ce cher disparu dont il sera question, tout à l'heure encore.

Quant à Catulle Mendès, ce fut, à mon égard, un magicien, à qui tout mon hommage est dû, en dépit de quelque dissi-

1. Déformation possible de « zut » par erreur de transcription.

dence que je ne défendrai pas à mon amitié si profonde de ne pas taire quand il faudra.

Mais, ça ne fait rien. Et los[1] à ces deux associés, de ma jeune misère... pour rire, en ces temps-là, – pas beaucoup plus riches que moi... quoi qu'il ait été dit :

> Ah ! que Rothschild est pauvre ! Il n'a pas vu Lagny
> Il n'a jamais de joie
> Le riche est ce poète appelé Glatigny...
> ....

et parce que le poète est toujours pauvre, quand même il s'appellerait Byron, Lamartine ou Tennyson.

Il est vrai qu'il y a Homère, Chatterton et, en attendant mieux, presque nous tous, les modernes, jeunes et vieux.

---

1. Gloire (archaïsme).

15

Mais il n'est que temps, au moment de clore cette première partie de ces notes sur ma vie, de revenir au point de ma prime jeunesse où je passais mon *bachot*, c'est-à-dire vers l'âge de dix-sept ans. Ledit *bachot* (dont j'ai gardé le diplôme imposant), ne fut pas ma seule initiation aux choses de l'existence, si j'ose m'exprimer ainsi. Déjà la Femme me hantait ou plutôt hantait et tentait mes rêves. Mais, voilà! comment faire pour la hanter, sinon pour la tenter? Mais l'entêté que j'étais déjà, sans plus de volonté, d'ailleurs, qu'aujourd'hui, – du moins des gens pensent ainsi – finit tout de même par se procurer la somme peu considérable et le renseignement nécessaire en vue d'une «orgie à la tour»... Il va sans dire que par «orgie à la tour» j'entends l'accès de ces maisons qui tendent, paraît-il, à disparaître, et où, si j'étais encore ingambe[1] et que je ne fusse pas devenu ce monsieur empêtré, j'irais, tellement les femmes honnêtes (?) m'ont rendu sceptique à l'égard du sexe enchanteur... La pièce de dix francs indispensable à mon dessein fut distraite par moi de la modeste mensualité que me faisaient mes parents pour mes menus plaisirs. Une *carotte*[2] tirée à ma mère devait récupérer doublement et triplement ce prélèvement, au profit de mes «passions», sur ce budget d'un écolier qui devenait un mauvais sujet.

Le renseignement touchant l'établissement recomman-

1. Alerte; qui possède encore l'usage de ses jambes; ce qui n'est pas le cas de Verlaine, souffrant de rhumatismes qui l'obligèrent à passer plusieurs années de sa vie dans les hôpitaux.
2. Argent extorqué (à sa mère) par la ruse ou le mensonge (familier).

dable me fut fourni par un camarade d'une année plus âgé que moi, un nommé F... qui finit, en dernière information, « clarinette » au théâtre des Folies-Marigny. Quant à *celui* de mes débuts... dans la galanterie, il se trouvait dans une rue bouleversée depuis, la rue d'Orléans-Saint-Honoré, et, dans ce bouleversement, disparut. Ce fut une maison d'apparence modeste, aux volets chastement fermés, qui n'avait d'emphatique que son numéro. Le soir au bord d'un corridor faiblement éclairé, quelque dame fortement décolletée sous son « mantelet » faisait au passant de chaleureux quoique discrets appels, à l'un desquels je me rendis par certain samedi soir de mai, que j'avais obtenu un *exeat*[1], exceptionnellement à la coutume de la pension qui était de n'accorder de sortie que le dimanche après la messe.

Je fus introduit dans un salon rouge et or qui avait plutôt l'air d'un café de province ; seulement, au lieu de banquettes et de tables, ce n'étaient que poufs et canapés où des personnes, médiocrement jeunes, attendaient, grasses et patientes, l'hommage du client. La fumée des cigarettes de ces dames et des cigares de quelques messieurs attardés là sans doute en vue d'attentions et de précautions conjugales, créait une atmosphère nourrie à travers laquelle je discernai néanmoins une beauté en peignoir rose qui me parut sortable et potable bien que n'étant probablement ni l'un ni l'autre. Mais j'étais à l'âge des illusions...

1. Permission de sortir en latin ; traduction : « qu'il sorte ! ».

L'élue de mes sens me fit monter un escalier que garnissaient de sourds tapis et nous arrivâmes dans une chambre toutes fausses dentelles sur tous les meubles, aux murs recouverts de lithographies voluptueuses et mal artistiques.

De la nuit qui s'ensuivit, qu'en dire sinon rien, absolument? Aussi bien m'aperçois-je que j'en ai écrit un peu trop sur ce sujet. Car que vous importe, lecteur, que j'aie été, ou non, heureux en cette aventure? Toujours est-il que le lendemain matin je rentrais chez mes parents avec une mine qu'on trouva fatiguée et que je sentais grise et longue.

Ce qui n'empêche pas qu'après un... repos de quelques... mois, – et comme j'étais définitivement sorti de la pension L... et du lycée Bonaparte, muni de mon baccalauréat et d'une première (restée seule) inscription d'étudiant en droit, je recommençais sur nouveau frais dans des circonstances guère bien plus agréables ou relevées, et commençai à trouver la *chose* mieux qu'en première analyse.

D'ailleurs, je continuai mes expériences avec une fréquence qui ne fit qu'accroître mes curiosités... non encore satisfaites à mon âge de cinquante ans passés.

Il ne me reste plus qu'à remercier le lecteur de sa patience à m'avoir prêté jusqu'ici (du moins je le présume) une attention que je le prie de me conserver pour lors de la reprise de ces *Confessions.* Ces nouvelles *notes sur ma vie* seront d'un caractère à la fois littéraire et... social de plus en plus foncé, comme concernant une existence de moins en moins lumineuse encore que plus éclairée, hélas! de ce moi compliqué, bien contre mon gré d'homme tout simple et peut-être naïf.

Deuxième partie

1

Je reprends le cours de cette histoire, j'allais dire, de brigands, mettons, de ce conte de fées.

Donc, j'étais un peu, trop peut-être, « initié », répéterais-je, initié, mal encore, j'étais si jeune ! – à tout, ou à presque tout en fait de littérature... et d'autre chose.

En attendant de parler d'autre chose, et de tant d'autres choses aussi, je dois et je veux – ce m'est de toute importance au point de vue littéraire d'y insister – dire combien je fus véritablement remué jusqu'aux entrailles par ces deux poèmes, les *Vignes folles* et *Philomela*. Dans le premier de ces chefs-d'œuvre – je maintiens le mot que je me fais fort de prouver – je retrouvai mon cœur naïf, mon esprit à la vent-vole[1], en outre de l'art de « tourner le vers », comme on dit vulgairement et bien, après tout ! tandis que *Philomela* me transportait par sa malice initiale et sa miraculeuse outrance dans l'ordonnance magistrale du rythme dur et sûr et de la rime toujours correcte sans grimace inutile vers une richesse bête. Ce prologue !

Deux hauts monts plus blancs que l'Hékla
Surplombent la pâle contrée
Où mon désespoir s'exila !
....

1. Volant au gré du vent ; instable.

Ô ton cri qu'emporte Borée.
Philomela, Philomela !

et toutes les forces et toutes les grâces dont resplendit, dont sonne et raisonne ce livre qui me fut longtemps, avec les *Vignes folles*, de chevet.

Les *Vignes folles*, qui sont à mes yeux le meilleur gage qu'ait donné, parmi trop peu d'autres, puisque la mort nous l'a ravi si tôt, Glatigny, j'en raffolais aussi et je m'en redis parfois, malgré ma mémoire oblitérée, les strophes envolées toutes de verve et d'une si jolie et forte et saine, en dépit des « sujets », naïveté. Comme il flétrit, en sortant, sans nul doute, de tel endroit qui me rappelait tant la maison, démolie, de la rue d'Orléans-Saint-Honoré :

Le stupide garçon qui sert en ce logis !

et comme, en revanche et sous forme de compensation, il célèbre, en faune qui s'y connaissait, une dame non encore ni plus déjà habillée :

Sur ton ventre dur qui brille
L'ombre noire s'éparpille !

... J'adorais, littéralement, ces deux poètes en attendant que je connusse et que j'aimasse ces deux charmants garçons desquels l'un, hélas ! est parti pour toujours, – mais dont l'autre,

Dieu merci ! vit glorieusement, et robuste, et gai, et plus jeune que jamais, et plus gentil que jamais envers les camarades – et, dit-on, vis-à-vis des femmes !

Comment fis-je la connaissance de Glatigny ? Ici « l'auteur », à l'encontre de l'adage,

S'embarrasse

peu, – car ce fut au café de Suède que je le rencontrai, un jour qu'il était un peu pris d'absinthe et que j'en étais pris aussi... un peu aussi.

Le pauvre ami ! Quelle verve drôle et quel drôle de corps : long comme une anguille, souple comme elle ; pour ce qui concerne la verve, quelle donc grand'verve il

Vous avait...

(« Donc » ainsi employé, appartient au patois, si léger ! des Ardennes dont je suis à demi comme on a comme qui dirait une bague au doigt ou une plume au chapeau.)

Il avait une de ces philosophies comme je vous en souhaite (et à moi aussi). Par combien de misères et de mistoufles[1] il avait passé ? autant, avant d'y même penser, compter les flots de la mer ou dénombrer étoile par étoile telle nébuleuse.

1. Misères dues le plus souvent à la méchanceté (familier et fréquent chez Verlaine : « nous autres, les embastillés de la Mistoufle et du Bobo » in *Mes hôpitaux*).

J'ai dit « faune » et je savais, comme par hasard, ce que je disais quand je l'ai dit.

Non pas le

Vieux faune de terre cuite

dont on me rebat les oreilles, sous prétexte que j'en suis l'auteur bien innocent, à l'instar de Sully Prudhomme, bien innocent, lui aussi, de ce fameux *Vase Brisé.*

Je dis « faune » à cause de ses oreilles évasées, de son nez effronté quoique pointu, et de son rire si paysan, aux dents saines qui auraient pu mordre, si son cœur, le meilleur qui palpitât, n'y eût mis ordre.

Quant à Mendès, je l'ai connu chez la marquise de Ricard, la mère très aimable de l'excellent poète languedocien qui fut, avec lui, fondateur du *Parnasse contemporain.* Tout le monde aujourd'hui connaît l'homme exquis, le raffiné sans pair, si simple et si sincère quand on est son intime et qu'il était dès ces époques reculées, avec un grain de gaminerie de haut goût que vous avaient ses vingt-cinq ans, prestigieux de bonne verve et de belle audace.

J'ai parlé longuement de ces deux poètes, trop longuement peut-être, et à deux places. Mais ce m'était un double devoir de reconnaissance et un infini plaisir. Excusez-moi donc. J'en ai fini, trop tôt à mon gré, avec eux.

2

Puisque décidément je suis entré dans la *Via Dolorosa*[1] des plus intimes aveux et que je me plais dorénavant à cette franchise qui fait l'honnête homme, parlons du peut-être seul vice impardonnable que j'ai parmi tant et tant d'autres :

– La manie, la fureur de boire, – là!

D'abord, j'ai bu beaucoup quand j'allais chez mon oncle, à Fampoux, près d'Arras (gros village célèbre par un terrible accident de chemin de fer... Victor Hugo a dit : « Le Fampoux d'une conscience »), de l'breune et de chel'blinque et du g'nief'[2] sans compter les bistoules[3] (mots amusants puisque patoisants, mais choses dures, même pour un estomac de vingt ans et déjà préjudiciables à une tête déjà en l'air).

Or, la première fois que j'ai bu, je pouvais en effet avoir dans les dix-sept, dix-huit ans. Je connaissais par conséquent la Femme et je vous assure que j'honorais fort cette sainte-là!

Donc je n'avais plus trop de ces scrupules enfantins que je regrette, trop en vain, de ne plus avoir du tout, – malgré cette affreuse santé qui m'avertit et parle, je le crains, à un sourd.

Et, non sans lutiner les filles de là-bas ni sans les bousculer dans les granges et vers les meules, je me soûlais carrément sous le « vain » prétexte que ça faisait pisser. Je n'avais pas alors de maux de tête ni de pituites[4]...

---

1. « Voie Douloureuse » en latin.
2. Déformation patoisante (« ch'timi ») : « brune » (bière), « blanc » (vin) et genièvre (alcool).
3. Bistouilles ou cafés mêlés d'alcool (régionalisme).
4. Vomissements glaireux matinaux, souvent liés à l'alcoolisme.

J'en ai rabattu, – tout en luttant de mon mieux qui est, tout de même, bien.

Ici, je m'aperçois que, dans l'ardeur et l'enthousiasme (peut-être) de parler de mon péché mignon (mignon ?), j'oublie un tas de choses pour le moins aussi importantes que ce dont je viens de m'occuper.

D'abord je publiais les *Poèmes saturniens*, chez Alphonse Lemerre, alors immédiat successeur de Percepied, libraire religieux, lequel Lemerre s'inquiétait, en homme intelligent qu'il était et reste, d'éditer splendidement l'œuvre complète de la *Pléiade française* du XVIe siècle.

À ce volume, dont j'ai suffisamment parlé, succédèrent les *Fêtes galantes*, qui plurent mieux, et la *Bonne Chanson* dont je vais vous entretenir – ô incidemment ! pour, par un détour un peu long, mais si logique, en revenir à mon incorrigible désormais, disent des méchants, ivrognerie.

Je comptais parmi mes meilleurs amis Charles de Sivry, le très charmant homme et le compositeur d'un si grand talent, qui me semble destiné à prendre « dans l'amour et le respect des Jeunes » la place du tant regretté Emmanuel Chabrier, et j'allais souvent le chercher chez lui pour l'apéritif du soir.

Un jour, je vis, comme nous allions sortir, entrer, après le toc toc de rigueur, sa sœur, une toute jeune fille en robe grise et verte, toute gentille brunette.

En tomber amoureux, avec mon tempérament impatient, eut lieu sans retard aucun et c'est comme cela que fut écrite la *Bonne Chanson*.

Ô, comme dit Victor Hugo dans un vers dont il a rarement retrouvé l'analogue vibrant et vivant :

Ô mes lettres d'amour, de vertu, de jeunesse !

Car il faut vous apprendre que ce fut par lettres, elle en villégiature en Normandie, et moi, mon bureau de l'Hôtel de Ville me retenant à Paris, que fut composé ce cher petit volume qui est encore, ô jeunes gens qui aimez ce que je fais, ce que j'aime encore le mieux dans cette mienne pauvre œuvre !

De ce jour data ce qu'on appelle communément « une nouvelle ère » dans ma vie. La façon ou plutôt la tournure de ma conduite jusqu'ici, depuis ma vingtième année (et j'avais alors vingt-cinq ans passés) qui avait été débridée sinon tout à fait effrénée, tendit à se régulariser, à se ranger, pour parler bourgeoisement ; en un mot, je songeai à faire une fin, et, comme j'étais en somme tout jeune, la bonne fin, trêve et terme aux excès, boisson, femmes, commencement de la sagesse, non, pas tant que cela ! de la modération en vue d'un possible et probable bonheur ou du moins calme conjugal...

Mais pour bien vous faire apprécier, goûter cette phase si importante de ma jeunesse, il convient de revenir encore en arrière, après quoi ces notes iront plus rapidement jusque à peu près l'époque actuelle qui est, je le crains ou l'espère, ou les deux ! la dernière de cette suite maussade, en définitive, d'événements contradictoires qui fut et continue d'être l'existence, la mienne !

Deux grands chagrins s'étaient succédé, il y avait six et cinq ans, pour mon cœur. Mon père, à la suite d'une chute dans un escalier, avait contracté, quelque huit ou dix mois auparavant, une maladie de la moelle épinière qui se manifestait par des attaques épileptiformes[1], dites je crois, séreuses[2] par les médecins, attaques de plus en plus fréquentes et suivies d'hébétude, et, sur la fin, de retours intermittents à l'enfance, accompagnés d'embarras extrême dans la parole et d'accidents ataxiques[3] des plus alarmants et des plus pénibles à notre tristesse à ma mère et à moi.

Pour finir vite avec ce souvenir encore si vif bien que vieux de trente ans, je perdis mon père le 30 décembre 1865. Si je donne ce détail qui peut sembler trop précis dans l'espèce, c'est parce que du fait même de la date, j'eus le supplément de peine d'enterrer mon pauvre papa le premier janvier ! Ce trajet funèbre à travers les festivités et la joie de ce jour si bête m'est resté dans la mémoire comme l'une des plus odieuses besognes et l'un des plus douloureux devoirs !

Joignez à cela que, la veille, j'avais eu par surcroît, à l'État-Major de la Place, une discussion des plus acharnées, au sujet du piquet d'honneur dû au grade et aux décorations de mon père. « Comme le lendemain était un grand jour de fête, on ne pouvait fournir le piquet, mais si je voulais il y aurait peut-être

1. Qui présentent des symptômes semblables à ceux de l'épilepsie, c'est-à-dire des spasmes ou des convulsions.
2. Aqueuses.
3. Convulsifs.

moyen de procurer de la garde nationale. » Là-dessus, je ne pus m'empêcher de rire en dépit de la tristesse, – et puis je m'emballai tellement, aidé dans ma trop juste réclamation par un ancien camarade de mon père qui m'accompagnait, que j'obtins le piquet de ligne... Mais ces chinoiseries m'avaient énervé au possible et je me souviens comme d'hier de l'état d'irritation qui, grâce à tout ça, se mêlait, en ce jour de foule stupidement en fête et de mien si profond deuil à mon abattement et à ma dépression de fils au désespoir.

Car j'aimais profondément mon père qui avait été si bon pour moi. Tenez, un exemple entre mille : durant les huit ans qu'avait duré mon séjour à la pension L..., il n'avait pas manqué un *seul* jour de venir me voir, m'apportant chaque fois quelque douceur, jusque, dans la saison et vu que je les adorais, dans un verre, à l'huile et au vinaigre, des haricots verts, – et les jeudis soir il avait grand soin de donner à la cuisine pour mon repas du lendemain (on faisait maigre à la pension) une de ces côtelettes « détaillées » qui sont divines, ou quelque romsteck qu'Albion eût envié pour sûr... Pauvre papa !

Ma cousine Élisa[1], qui s'était mariée l'une des quelques années précédentes, dans le Nord, près de Douai, souffrait depuis quelque temps des suites d'une couche[2] difficile, et son médecin, – à qui Dieu pardonne ! – la traitait, entre autres drogues par la morphine que l'on consommait en ces temps-là,

---

1. Élisa Moncomble, recueillie par la famille Verlaine, a vécu avec elle de 1836 à 1858. Elle est le premier amour – impossible – du très jeune Paul Verlaine.
2. Accouchement.

non pas en injections sous-cutanées, mais, par absorption. Ma cousine, qui éprouvait un grand soulagement après chaque cuillerée, finit, comme c'est l'habitude des malades qu'on drogue ainsi, par y prendre goût et outra l'ordonnance déjà peut-être téméraire du docteur de campagne qui la soignait, – si bien qu'un jour, à table, au dessert, comme elle chantait avec sa jolie voix, pour son mari, tout à coup elle poussa un grand cri et tomba en une syncope effrayante.

Un télégramme, immédiatement envoyé par le mari d'Élisa à ma mère, détermina celle-ci à se rendre tout de suite auprès d'elle, et je restai seul à la maison dont toutefois je devais m'absenter pour aller à mon bureau de la Préfecture de la Seine (car j'étais employé depuis plusieurs années dans cette administration). Une femme de ménage venait le matin, qui faisait sa besogne et partait en même temps que moi après qu'elle m'avait fait chauffer mon bouillon. Après mon bureau, je dînais dans quelque Duval[1] du faubourg Montmartre. Deux jours s'écoulèrent pleins d'anxiété horrible, au bout desquels je reçus une dépêche me disant de venir au plus vite là-bas. Je pris immédiatement une voiture qui me conduisit en moins de vingt minutes à l'Hôtel de Ville où je demandai deux jours de congé qui me furent accordés par mon chef non sans grommellement ni sans grandes recommandations d'avoir à revenir bien au temps convenu. « Vous comprenez, il y a l'emprunt de la Ville :

1. Nom d'un « bouillon » : restaurant très bon marché proposant des bouillons ou soupes, pour plat unique.

il va y avoir des travaux extraordinaires... » – et patati et patal'autre. « En outre, il y va de votre intérêt, de très sérieuses gratifications seront accordées à cette occasion. »

Je me fichais pas mal, en vérité, et de l'emprunt et des travaux extraordinaires et de mon intérêt et des gratifications – et, gardant mon fiacre, je rentrai à la maison, fis une valise en toute hâte et pris l'express pour V...[1] la plus proche station du village où demeurait ma pauvre cousine.

J'y arrivai par un temps affreux de février, pluie battante, vent furieux et glacé, ma valise d'une main et de l'autre un parapluie dont il ne m'était, vu l'ouragan, possible de me servir que comme d'une canne. – D'ailleurs, qu'avais-je à gâter qu'un haut-de-forme enfoncé jusqu'aux oreilles, et que m'importaient, je vous le demande un peu, la pluie et la boue et tout, eussé-je été vêtu comme un prince ? Je m'enfonçai, courant plutôt que marchant, dans le petit jour, et dans la boue d'une route de trois « bonnes lieues ».

Dans quelle situation d'esprit, non ! de cœur bien plutôt, j'accomplis cet affreux pèlerinage, je vous le donne à penser. J'arrivai enfin, trempé comme une soupe, de pluie, de sueur et de pleurs – car quelle anxiété : est-elle encore vivante ? je l'aimais tant ! – aux confins du village, d'où, dès l'abord j'entendis un coup de cloche, puis deux, puis trois, puis tout un glas. Fou, j'entrai dans un cabaret sur la route :

– Ah ! vous voilà, monsieur Verlaine.

1. Vitry, entre Arras et Douai.

– Et madame D...[1] ?

– On va l'enterrer.

Je ne mis pas plus d'une minute, je gage, pour atteindre l'habitation d'où devait partir l'abominable cortège. Mon cousin par alliance, tout en larmes, se jeta dans mes bras et nous nous étreignîmes longuement... Ma mère faisait pitié à voir. Elle aimait Élisa comme sa propre fille. C'était, pensez donc, l'enfant d'une sœur adorée morte jeune, adoptée et élevée par mes parents loin d'un père, brave homme, mais ivrogne, à qui n'avait resté en toute prudence, que son fils, le chasseur de Vincennes dont il a été question dans les premiers chapitres de ces *Confessions* et qui m'avait reconduit si persuasivement à la pension L...

J'entrai dans le salon où était exposé le cercueil. J'y jetai l'eau bénite et sortis, chancelant.

En ce moment retentirent dans la cour de la fabrique (mon cousin était *sucrier*, comme on dit là-bas) les chants liturgiques. Il était trop tard pour songer à me changer et ce fut tout souillé de boue et fumant de pluie comme un chien mouillé, et sous l'averse sans fin pour tout le jour, que je suivis ma cousine, ma chère à jamais regrettée, bonne, bien-aimée Élisa, portée par huit vieilles femmes en long manteau noir à l'immense capuchon comme monastique, rond et large sur leur front de tristesse non affectée, car elle avait été si bienveillante aux pauvres !

1. Dujardin, patronyme d'Élisa, la cousine de Verlaine, depuis son mariage.

tandis qu'aigre et faux s'égrenait le *De Profundis*[1] de chantres plus habitués aux travaux des champs qu'aux Nénies[2] qu'ils psalmodiaient là...

Les deux jours qui suivirent, je ne mangeai pas, je bus.

1. Premiers mots de la prière pour les morts dans la liturgie catholique.
2. Chants funèbres de l'Antiquité ; lamentations.

3

Oui, pendant les trois jours qui se succédèrent après l'enterrement de ma chère cousine, je ne me soutins qu'à force de boire de la bière et encore de la bière. Je tournai ivrogne, si bien que rentré à Paris et à mon bureau, où mon chef, par surcroît dans ma tristesse affreuse, me « chapitra » sur le jour en plus que j'avais pris, au point que je l'envoyai promener, rentré, dis-je, à Paris où la bière est mauvaise, ce fut sur l'absinthe que je me rejetai, l'absinthe du soir et de la nuit. Le matin et l'après-midi étaient consacrés au bureau, d'où mon algarade[1] ne m'avait pas fait remercier, – et d'ailleurs ayant, moi, l'égard pour ma pauvre mère, en même temps que pour mon chef de bureau la ruse de leur laisser ignorer la nouvelle et si déplorable habitude inaugurée.

Cette absinthe ! Quelle horreur quand j'y pense d'alors... et d'un depuis qui n'est pas loin, pas assez loin pour ma dignité, pour ma santé, pour ma dignité pourtant plus encore, quand j'y pense vraiment !

Un seul trait de l'atroce sorcière verte (quel imbécile l'a donc magnifiée en fée, en Muse verte !), un trait plutôt comique encore, en attendant des farces plus sérieuses.

J'avais une clef de l'appartement des Batignolles où nous continuions à vivre, ma mère et moi, depuis la mort de mon père, et j'en profitais pour rentrer à telle heure que je voulais de

1. Querelle.

la nuit, moyennant des mensonges gros comme le bras, dont ma mère ne se doutait pas... ou se doutait, mais sur lesquels elle fermait difficilement..., et douloureusement, je le crains... aujourd'hui seulement hélas ! les yeux. Où je passais les nuits ? Pas toujours en lieux bien recommandables. De vagues « beautés » m'enchaînaient souvent de « liens de fleurs », ou je passais des heures et des heures dans *cette maison de la vieille* dépeinte si magistralement par Mendès et dont il sera parlé ici même en temps et lieu, ou j'allais purement entre autres amis, avec le si regretté Charles Cros[1], m'engloutir ès cabarets de nuit où l'absinthe coulait à flots de Styx et de Cocyte[2] !

Si bien qu'un beau, ou plutôt qu'un vilain petit jour, comme j'étais suivant mon habitude, rentré subrepticement dans ma chambre, séparée par un vestibule de celle de ma mère, et m'étais, en silence, déshabillé, puis couché, à l'effet de goûter une heure ou deux d'un repos... injuste, bien que mérité, philanthropiquement parlant, je dormais à poings fermés, lorsque, vers neuf heures, heure à laquelle je devais faire mes préparatifs de départ pour le bureau, toilette, bouillon ou chocolat, maman entra dans ma chambre comme elle en avait coutume pour me réveiller.

Elle poussa une grande exclamation qui se sentait pourtant d'une envie de rire et me dit, car le bruit de la porte en s'ouvrant, puis la susdite exclamation m'avaient réveillé :

1. Poète (1842-1888), fondateur du « Cercle Zutique » où se réunissent les « Vilains Bonshommes » (Verlaine, Rimbaud, Valade, etc.). Il se fâche avec Verlaine après la rupture avec Mathilde.
2. Fleuve des Enfers (comme le Styx) dont les eaux grossissent des larmes des défunts.

– Pour Dieu, Paul, comme te voilà ! Tu t'es au moins encore grisé ce soir.

« Encore » me blessa. Je répondis acrimonieusement :

– Pourquoi me dire « encore » ? Je ne me grise jamais et hier encore moins que jamais. J'ai dîné dans la famille de mon vieux camarade un tel, où je n'ai bu que de l'eau rougie et que du café sans cognac après le dessert, et je suis rentré un peu tard, parce que c'est loin d'ici, chez eux, mais je me suis couché bien tranquillement, comme tu peux le voir.

Maman ne répondit pas un mot, mais allant décrocher à l'espagnolette d'une des deux fenêtres de ma chambre un miroir à main dont je me servais pour me faire la barbe vint me le mettre sous les yeux.

J'avais couché avec mon chapeau haut-de-forme !

Je le répète en toute vergogne, j'aurai plus tard à raconter bien d'autres et de bien autres absurdités (et pis), dues à cet abus de cette horrible chose, la boisson et dans la boisson, cet abus lui-même, source de folie et de crime, d'idiotie et de honte, que les gouvernements devraient sinon supprimer (et au fond pourquoi pas ?) du moins terriblement taxer et imposer :

L'absinthe !

4

Cet état de choses, si l'on peut nommer un tel désordre habituel un état, même quelconque, de choses, durait donc depuis environ quatre longues années consécutives, lorsque m'apparut, dans cette petite chambre du second étage du petit hôtel de la rue Nicolet, – laquelle petite chambre devait devenir mon cabinet de travail, celui où je mettrais la dernière main à la saynète en vers, *Les Uns et les Autres* – celle qui devait être ma femme.

J'ai fait son portrait dans un livre intitulé, de sorte assez réussie, *Mémoires d'un veuf*, livre que je n'ai pas là, titre d'ailleurs purement, ou presque, pour la forme plutôt que pour le fond, car c'est une pure collection de tout petits souvenirs dont celui de ma femme est un des moindres : le temps n'adoucit rien, principalement la rancune, mais il estompe, il embrume tout.

Je reproduis ce portrait de mémoire, avec probablement quelque modification plus douce-amère que dans le texte primitif (lequel texte vraiment primitif est déjà quelque peu altéré dans ces *Mémoires d'un veuf*-là), car à l'époque initiale, en quelque sorte virginale, en question, je n'étais que fiancé.

Voici cette esquisse encore... estompée, où je n'ai pu m'empêcher d'intercaler quelques vers depuis, qui néanmoins ne me semblent pas déplacés dans cet au fond pénible rappel vers de plutôt tristes souvenirs auxquels, de par la magie des choses passées, ils sont peut-être plus congruents qu'il ne paraîtrait de prime abord :

« Elle serait petite, mince, avec une promesse d'embonpoint. Cheveux châtains sur une tête mignonne en tous points. Face très douce, pâlotte, rondelette, un peu longue néanmoins, un nez à la Roxelane, je veux dire moyen avec le bout gentiment relevé. La bouche sourirait, peut-être légèrement rosâtre plutôt que rose et rose plutôt que rouge, bien que j'aime le rouge en tout, sauf, naturellement, dans le teint des femmes et les opinions politiques des hommes... ignorants. Le teint, précisément, tendrait vers un mat qui sous les yeux s'attendrirait en un bleuâtre joli pour s'épanouir, discret et comme dissimulant un parfum de nouvel ordre, enfantin et divin, en une fleur violâtre, vers les tempes.

« Elle parlerait tantôt peu, et qu'adorable alors son quasi-silence qui permet de sympathiser avec sa respiration hâtive sans plus, qui témoigne néanmoins d'une chère santé frêle, mais que le bonheur amplifiera, avec la palpitation presque imperceptible des veines bleuâtres de dessous les yeux et violâtres de devers les tempes, avec le bout chaste et si vite apparu puis disparu d'une langue de temps en temps et rarement passé sur les lèvres, avec les dents que découvre un sourire innocent à tel ou tel madrigal à la portée, les dents d'albâtre ou plutôt d'opale qu'azurerait leur transparence comme étrange dans son exquisité, – tantôt elle parlerait et d'une volubilité

Quasi zézayante un peu

avec des mignardises qui n'en sont plus à force de fleurer de candeur réelle moyennant une éducation approchant d'être parfaite et une instruction heureusement incomplète.

« Mais qu'elle se taise pour mon bonheur ou qu'elle parle pour ma joie, ses yeux !

« Gris, la prunelle coulant sans ruse aucune je vous jure, et pourtant on dirait, quand elle me regarde, toujours un peu de côté, par timidité certainement, mais, sans doute aussi pour observer, inconsciemment, ou plutôt non, car avec ces vierges, que croire, que savoir, nous les libertins ? ombrés de longs cils et surplombés d'assez épais sourcils qui, diable ! se rejoignent, on croirait jalousement.

« Et ses mains, que j'allais omettre. Ces mains que je rêve de baiser des mille et des centaines de mille fois, ces mains aux veines palpitantes aussi dans l'émotion de la conversation, ces mains

> Toutes petites, toutes belles !
> ....
> Ô ses mains, ses mains vénérées !

ces mains, ses mains qu'il me faut dans les miennes, à jamais !

« D'âme, de cœur, il y en a-t-il ? Oui, sans doute, – ou non ? Car avec ces vierges... ! »

Ainsi allait mon imagination, au lendemain de ma première entrevue que d'ailleurs voici, très en abrégé, – elle et ses conséquences immédiates... et les autres.

5

Je ne m'attendais pas le moins du monde à l'entrée dans la petite chambre où venait de se réveiller mon futur beau-frère, le bon musicien de génie plus encore que de talent, Charles de Sivry, je ne m'attendais guère, en vérité, à l'entrée, après trois coups frappés à la porte, de sa sœur, ou plutôt de sa demi-sœur, elle étant enfant d'un second lit. Il était environ cinq heures du soir ; moment auquel mon noctambule de camarade avait coutume de penser à se lever, et moi-même je me disposais, ensuite d'une conversation, si je ne me trompe, relative à quelque opérette en collaboration, à aller l'attendre au café du Delta tout voisin, pour l'apéritif, quand, ai-je dit, elle entra sans bruit, puis allait faire mine de se retirer, quand Sivry lui dit, ou à peu près :

– Reste donc, Monsieur est un poète, c'est Verlaine, tu sais bien.

– Oh ! j'aime beaucoup les poètes, Monsieur. Telles furent les premières paroles de cette bouche de qui je devais entendre tant de oui, puis de non, sans préjudice de bien d'autres choses encore bonnes, puis mauvaises !

Elle aimait beaucoup les poètes, du moins elle le disait. Que répondre à cela ? Rien évidemment. C'est ce que je fis, me contentant d'une inclinaison de tête reconnaissante vaguement.

Puis le discours s'engagea pour de bon par cette phrase, encore de politesse, mais moins banalement complimenteuse :

– Mon frère m'a souvent parlé de vous et même m'a fait lire

de vos vers qui sont peut-être trop... forts pour moi, mais qui me plaisent tout de même bien.

La pauvre enfant! Je vous crois que mes vers, les *Poèmes saturniens*, du Leconte de Lisle à ma manière, agrémenté de Baudelaire de ma façon, et les *Fêtes galantes*, très justiciables de leur intitulé, devaient lui sembler... durs à comprendre ou plutôt à deviner. Néanmoins, ce coup-ci, elle avait rompu décidément la glace et pour la première fois aussi je pus lui faire entendre cette mienne voix qui devait à son tour tant roucouler, puis vociférer à ses oreilles... toujours étonnées, car je puis dire ici, en toute impartialité calmée après plus de vingt ans, que la malheureuse ne m'aura jamais compris de sa triste bourgeoisie de vie.

Et je lui répondis :

– Vous êtes trop bonne vraiment, – et, comme quelque chose de subit avait, cependant, lieu en moi, j'ajoutai : mais j'espère pouvoir faire bientôt des vers qui mériteront mieux l'honneur que vous voulez bien faire à ceux que vous connaissez de moi...

Alors, après quelques banalités sur la pluie et le beau temps, je me retirai après avoir rappelé à Sivry notre rendez-vous au Delta et me retirai comme charmé, sur une poignée de main au camarade et une autre, douce au possible, à... l'amie.

L'amie, oui; car quel nom donner à qui venait de m'inspirer tout à coup, tel un coup de... joie calme, ce rafraîchissement tout fleurant d'innocence et de simplicité? Et je ratiocinais tout en m'acheminant sans but vraiment, tandis que *ma bête* se dirigeait vers l'affreux breuvage vert. Ne serait-ce pas un hasard (je ne croyais plus en Dieu depuis belle lurette), un heureux, inespéré, inespérable hasard qui me mettait cette douce fille sur le chemin mauvais où je sentais bien que j'allais me perdre... sans cet être, presque de raison, qui symbolisait à mes yeux déjà flétris de toute sorte de vues pas bonnes, mais perspicaces encore toutefois, mes yeux, cette chose presque impalpable, mais qu'on sait qui ne mûrira qu'en la Femme désirable et désirable plutôt pour le cœur et l'esprit qu'aux sens trop peu difficiles, eux, la Jeune Fille dans la gloire rose de sa mystérieuse candeur ? Mystérieuse candeur, et inquiétante, mais d'une inquiétude charmante et qui est à la fausse, à la coupable sécurité du libertinage et de ses suppôts, mâles ou femelles, la sécurité même, par l'effort incessant d'une bonne conscience et d'une volonté, en outre, qui sait ce qu'elle veut et peut.

... Ces belles considérations n'eurent naturellement aucune sanction pratique immédiate quelconque. Toujours est-il, néanmoins, que, cette fin d'après-midi-là, attablé devant des journaux illustrés qui furent et sont toujours ma lecture favorite, et au grand estomirement[1] du bon Sivry, peu accoutumé à de pareils spectacles, je ne bus pas d'absinthe.

L'absinthe devait, comme la « vertu qu'on quitte », prendre de dures revanches.

---

1. Étonnement (néologisme).

6

Peu de temps après, je partais avec ma mère pour chez l'oncle dont il a été question, à la campagne, près d'Arras; là, dans le calme et la paix des champs, et un peu la solitude, malgré quelques parties de pêche et de chasse et de nombreux dîners dans de nombreux villages, où nous avions des «parents», je m'ennuyais un peu. L'ennui est parfois, sinon un très bon conseiller, du moins, peut-être, un bon conseil. D'abord il apaise les sens, tous, et Dieu ou plutôt le diable sait si les miens, tous, avaient et ont encore, je le crains, vieille bête que je suis! besoin d'être apaisés; puis sa saveur, par moments qui sont bons au milieu de tant de fichus quarts d'heure, se fonce d'une après tout assez bonne amertume, s'acidule de quelque esprit de critique ou, pour mieux dire, de froide et, donc, rafraîchissante clairvoyance qui fait du bien, en quelque sorte, même moralise en aiguisant, fût-ce au prix d'une souffrance dès lors digne d'un bon accueil.

Ma souffrance à moi, était instinctivement, le besoin, qui allait presque jusqu'au désir tant il se rendait aigu par intervalles, de «changer de vie», comme dit l'amusante héroïne de Victor Hugo[1]... Naturellement, je n'étais pas sans avoir apporté de ma vie de Paris, boisson, filles, toute cette bonne mauvaise odeur de vide et de désordre qui persécutait les premiers Saints jusqu'au

1. Peut-être Esméralda, la bohémienne, régénérée par l'amour (*Notre-Dame de Paris*).

fin fond des plus austères Thébaïdes[1], – et ce m'eût été pensais-je, ou plutôt éprouvais-je, un gros crève-cœur que de rompre avec ce délice, que de ne plus connaître la saveur des lèvres, des seins, de toute la chair, l'énervement, l'excitement[2] des savantes et perverses et à jamais en tout cas, ô oui ! inoubliables caresses de tant de femmes, pour ne parler que de ce délice-là.

Ce délice ! Et comme il est vrai, quant à ce qui me concernait, ce mot, encore que je perçusse dès alors la littérale horreur de ces amours et leur véritable et, non plus bourgeoisement parlant, leur littérale criminalité ! Les femmes de la catégorie à laquelle pouvaient juste prétendre et ma foncière timidité et mon très modeste porte-monnaie, m'enivraient, croiriez-vous cela ? Je les avais dans le sang, ma peau cherchait la leur, la leur, j'ai bien dit. Je m'imagine qu'une reine, qu'une impératrice, – ou tout bonnement une femme mariée, une femme *honnête*, suivant le mot courant, se serait offerte à moi, je l'eusse priée de me laisser tranquille... Et voilà que pourtant une lassitude, comme qui dirait aussi une plénitude commençait à me prendre, à m'envahir ; c'était un véritable « état d'âme » maladif, maladieux[3], dirais-je de préférence, quelque chose comme des dispositions vagues encore, mais bien symptomatiques, à l'indigestion morale...

J'en étais là psychologiquement, lorsqu'un beau matin la fan-

1. Régions désertiques entourant la ville de Thèbes, en Égypte. Synonyme de vie austère et solitaire, comme celle des premiers ermites chrétiens.
2. Excitation (néologisme... ou barbarisme !).
3. Redondance de maladif (*id.*).

taisie me prit d'aller en ville. Il y avait le chemin de fer, mais je préférai prendre par la rivière canalisée de Scarpe, célébrée dans les vers du grand poète Desbordes-Valmore[1] ; c'est, sur des bords diversifiés, tantôt céréales, avoines, blés, seigle, hivernages, tantôt marais sans fin, quasiment sans fond, où dort le brochet, où court l'anguille parmi les tiges de nénuphars et les lances du glaïeul d'eau, à l'ombre généralement « des noirs peupliers », des saules blancs et des grises hautes herbes, un chemin véritablement charmant en ce pays plutôt plat d'aspect aussi bien que de terrain. D'assez, point trop nombreux villages aux bonnes auberges crépies à la chaux, fenêtres aux rideaux

d'cotonnette
À grands carreaux roug' brique et blancs.

où patoise une hôtesse pour la plupart du temps plantureusement rose rousse, non sans attrait le plus souvent, sont riverains de droite et de gauche. En s'approchant d'Arras on entre à Blangy, un peu *grande banlieue* où va, l'été, s'ébattre la garnison de la ville, et célèbre, ce gros bourg dans des arbres et des jardins, par le choix, qu'en fit pour ses réunions la société des Rosati, légèrement académique et bachique discrètement, dont firent partie, entre autres célébrités, les deux Robespierre et Carnot

1. Marceline (1786-1859), l'un des modèles avoués de Verlaine : elle figure dans *Les Poètes maudits* (entre Mallarmé et Rimbaud) (1884-1888). Verlaine admire ses audaces prosodiques (recours au nombre impair) et son goût de la nuance, qu'il attribue à ses origines « nordiques »... comme les siennes.

l'aïeul. L'arrivée dans la ville même était particulièrement pittoresque (je dis *était*, car depuis ces temps et pas depuis longtemps on a, paraît-il, démantelé « cette place forte », comme la caractérise Monsieur Perruchon). Près d'un demi-kilomètre avant de contourner le rempart pour se répandre dans un grand bassin appelé, pourquoi ? le rivage, la Scarpe se parait de toute une végétation sous l'eau qui devenait fantastique, orientalement, mille-et-une-nuitamment[1] belle quand le soleil y pénétrait et qui, par les jours de ciel terne, prenait un sombre presque ou tout à fait inquiétant... Une forêt noyée, avec des joies comme folles et des tristesses jusqu'à des terreurs !...

Le jour dont je parle, j'allai dans à peu près tous les cafés d'Arras qui sont nombreux, puis hantai quelques-uns, huit ou dix, ou plus, des estaminets de ladite ex-capitale de l'Artois, qui sont innombrables. Résultat : une « cuite[2] » qui vint s'achever dans une maison de femmes et s'y éteindre dans des « flots de volupté »... à tant l'heure.

Je pris le train de minuit pour mon village et le lendemain je me réveillai avec un mal de tête et des nausées morales et autres qui me parurent un châtiment, mais un châtiment de quoi ?

---

1. À la manière des *Mille et Une Nuits* (néologisme redondant et cocasse des caractérisations précédentes : « fantastique » et « orientalement »).
2. Ivresse (familier).

7

De quoi ! Eh, bons dieux, de quoi donc en effet, sinon du jeûne rompu, de ce salutaire ennui sottement plus encore peut-être que coupablement jeté à tous les vents de la ribote[1] et de la vadrouille ! Et le tout, pour en arriver à quoi ? Même plus à l'entraînement d'autrefois, – il y avait *déjà* un *autrefois* dans mon cas présent, – même plus à l'envie de recommencer que tout ivrogne ou tout coureur a dans le fond, mais bien la pituite démoralisée, mais bien le dégoût sans retour *ad vomitum*[2] !...

Alors, sans transition, sans trop me douter de ce qu'il allait faire, j'écrivis à Sivry une lettre sans nul doute peu dans les règles, peu conforme à ce protocole d'ordre privé qu'impose la civilisation dont nous jouissons, lui demandant, tout bêtement... la main de sa sœur.

La lettre écrite, je m'habillai en hâte et courus d'un trait à la poste. Trop tôt. Le bureau n'était pas ouvert. Je m'avisai que j'avais des timbres dans mon porte-monnaie, et ce fut d'une main fébrile, mais en somme comme résolue, que je jetai la lettre à la boîte. Après quoi, je fis hâte vers la maison plus encore que tout à l'heure vers la poste, comme fuyant un regret de la démarche précipitée, regret qui ne me rattrapa point, ce fut d'un bon cœur léger et tout palpitant d'une chère fièvre que, m'étant remis au lit, je dormis jusqu'à ce qu'on vînt me réveiller à midi pour dîner.

---

1. Orgie joyeuse (archaïque).
2. « Jusqu'à la nausée ».

Deux, trois jours se passèrent, mortels, éternels, au bout desquels une lettre de Sivry m'arriva, m'apprenant que, comme moi, il avait mis les pieds dans le plat, que, stimulé par l'imprévu et la carrure tout plein gentille de ma missive, il avait communiqué celle-ci, à sa sœur d'abord, puis à sa mère qui avait cru devoir en référer immédiatement à M. M..., son second mari. (Je parlerai peut-être, en temps et lieu, de ces personnages si dissemblables en tout et qui ont tant influé sur ma vie...) La bienheureuse lettre ajoutait qu'il y avait lieu d'espérer et m'engageait à rester encore quelque temps à la campagne, où il viendrait, si je voulais, me rejoindre dans quelques jours. Nous retournerions ensemble à Paris, où on verrait les choses de près et ferait tout le nécessaire.

C'était divin et ça commençait à ravir mon idylle. Et c'est de ce moment que je conçus le plan, si le mot ne vous semble pas trop ambitieux pour un si mince ouvrage, de cette *Bonne Chanson* qui se trouve, dans le bagage assez volumineux de mes vers, ce que je préférerais comme sincère par excellence et si aimablement, si doucement, si purement pensé, si simplement écrit :

> Le soleil du matin doucement chauffe et dore
> Les seigles et les blés tout humides encore
> Et l'azur a gardé sa fraîcheur de la nuit...

Ainsi débuta ce mince volume qui devait paraître un an

après, juste au moment de la guerre et dont Victor Hugo me disait à son retour en France : « C'est une fleur dans un obus. » Je ne sais si c'est bien vrai, mais toujours est-il que j'ai, dès l'origine, gardé une prédilection pour ce pauvre petit recueil où tout un cœur purifié s'est mis...

Sivry tint sa promesse et j'eus le plaisir de le recevoir, à la petite gare distante d'un kilomètre à peine de Fampoux. Il m'apportait de bonnes nouvelles, hélas ! assombries par l'annonce d'un très prochain départ pour un séjour, d'à peu près deux mois encore en Normandie, de toute sa famille, M. et Mme M..., leur fille aînée, celle dont il est question ici et une autre fille, enfant de dix ans. Mais il insistait sur le bon accueil fait à ma demande par la mère de la fille. Quant au père, il comptait peu, bien qu'encombrant au possible, le pauvre homme, mort depuis, de qui Dieu ait l'âme importune ! Nous passâmes, Sivry et moi, une agréable semaine sous le modeste toit avonculaire. Le dimanche qui prit place, Sivry tint l'harmonium à la grand'messe et étonna fort, si même il ne scandalisa pas quelque peu les oreilles rustiques de l'auditoire, par des offertoires et des marches de sortie empruntées aux opéras de Wagner. Mais tout a une fin. Sivry devait rentrer à Paris, et moi mon bureau me réclamait : nous partîmes, ma mère et nous, pour cet éternel Paris.

Ma mère, qui avait donné son assentiment à mon projet, tout en élevant quelques réserves sur l'impromptu d'une résolution si importante, était heureuse au fond, de me voir, comme elle disait, devenir enfin sérieux. Car je ne buvais plus, du moins à me soûler. J'étais assidu à mon bureau et je rentrais de bonne heure le soir. Même il m'arrivait de plus en plus souvent de rester à la maison à jouer des parties de cartes que je savais qui l'amusaient; d'autres fois, je l'accompagnais dans des soirées bourgeoises, où je ne brillai guère par l'éclat d'une conversation qui eût d'ailleurs été, je crains, peu goûtée dans ces milieux joliment vieillots, mais pas trop surannés, pour bien faire. Une tasse de thé et des petits fours complétaient ces fêtes et minuit au plus tard nous voyait de retour au logis dans cette rue de l'Écluse, en ces Batignolles, où nous habitions depuis, ma foi, notre arrivée à Paris, depuis 1851.

C'était charmant et le temps s'écoulait, bien lent encore toutefois. Il est vrai que je composais chaque jour mon volume en petites pièces que Sivry faisait parvenir à sa sœur... Mais n'importe, c'était l'absence!

8

Ô l'absence, le moins clément de tous les maux!
Se consoler avec des phrases et des mots,
Puiser dans l'infini morose des pensées
De quoi vous rafraîchir, espérances lassées,
Et n'en rien remonter que de fade et d'amer!...

Ainsi ratiocinait[1] ma mélancolie naissante d'être loin de « Celle que j'aimais », car décidément je l'aimais, surtout depuis qu'elle m'avait en quelque sorte agréé par écrit, en cachette... de son père *seul*, – mélancolie qui finit plus tard par tourner, pour mon propre dam et ce qu'il fallait qu'elle ignorât, et qu'elle ignorât jusqu'à la fin d'une interminable « cour » de tout près d'un an, en une pénible, agaçante attente que tout allait aggraver, on le verra plus loin, jusqu'à ce que je devinsse, littéralement,

Impatient des mois, furieux des semaines.

Mais pour l'instant, je n'avais guère à ne me plaindre que

Du doux mal qu'on souffre en aimant.

De petits billets échangés par l'intermédiaire du bon Sivry,

1. Se perdait en considérations interminables (péjoratif).

missives innocentes de la part de ma fiancée, car je la considérais, dûment déjà, comme telle, le plus délicates et discrètes possibles, de ma part, entretenaient la « flamme » délicieusement insinuante qui par la suite devait, après des « querelles énormes d'aigles rouges », s'éteindre dans le fuligineux[1] d'un procès en séparation, puis dans le fangeux d'un divorce. Mais n'anticipons pas sur tant d'horreurs !

Pour le moment, donc, j'étais quasiment heureux : on m'y disait, dans cette jolie correspondance tracée d'une main peut-être tremblante, écriture enfantine et gentiment maladroite, style de la meilleure simplicité, tout le contraire d'un bas-bleuisme[2] fût-ce infinitésimal, et plutôt lâché dans l'ignorance bénie de ce que peut bien être une phrase *bien* construite. Même de jolies fautes de français, même d'adorables et rares, aussi bien, erreurs d'orthographe, mettaient un charme de plus dans ce courrier presque quotidien qui me tint, durant deux mois pas trop, trop longs en somme. Mes réponses s'y faisaient de plus en plus, non pas pressantes, justes dieux ! mais plus cordiales, plus éprises ; elles m'étaient de véritables joies presque déjà sensuelles, en les écrivant. Oui, je frémissais, combien voluptueusement ! Un frisson comme d'une fièvre amoureuse « pour de bon » me faisait des fêtes encore chastes peut-être, mais non sans une pointe charnelle, l'aiguillon, quoi !

1. Fumeux et obscur ; appliqué au procès en cours, souligne l'incompréhension (feinte ou réelle ?) de Verlaine devant l'obstination de Mathilde.
2. Pédantisme (néologisme formé à partir du substantif « bas-bleu » désignant une femme intellectuelle et prétentieuse).

D'ailleurs une dernière lettre de

... La main à ce point petite
Qu'un oiseau-mouche n'y tiendrait...

m'annonçait un très prochain retour à Paris. Des recommandations de « sagesse », de patience, s'y mêlaient plaisamment à de naïfs calculs en vue de nous prouver à tous deux que tout était pour le mieux dans notre affaire, rapport d'âge, de goûts, d'éducation, de bonne bourgeoisie, enfin des choses d'argent !... Elle me convoquait, avec un petit tour romanesque, dans son autrement sensé et très sensé langage, à des efforts vers la chose de bien mériter notre futur commun bonheur. Elle citait même l'exemple, qu'elle me proposait, du prince Galaor[1] et de ses travaux pour sa belle...

Le bienheureux jour tant attendu, en attendant (combien donc plus !) l'autre encore dans un avenir désespérément indéterminé, et Dieu sait s'il était destiné à en subir de ces atermoiements, et quels ! ce jour-là, ce dernier jour-là ! le jour, disais-je, du retour, du revoir, le jour dont j'avais écrit ces deux vers que j'avais envoyés, entre quelques autres, à qui de droit, la veille ou la surveille,

Où, seul rêve et seule pensée,

1. Ou Galaad, le pur héros des romans de chevalerie : c'est le seul à connaître la révélation du Graal (grâce à sa pureté).

ce jour de liesse arriva enfin !

L'entrevue ne devait avoir lieu que le soir, après dîner. Qu'il me parut long, bien que bon, ce divin et infernal jour-là ! Aussi, quand s'approcha l'heure exquise, quel soin, pour passer le temps d'une manière du moins conforme à mon train de pensée, apportai-je et n'apportai-je pas, moi d'ordinaire expéditif en ces matières, à ma toilette ! Que de fois dut ma pauvre bonne mère toute souriante, peut-être, et, quand j'y pense, sans doute inquiète, troublée un peu, de mes expansions, faire et refaire le nœud de ma cravate La Vallière[1] (depuis ?), brosser et rebrosser redingote et pardessus, lisser et relisser le haut-de-forme, etc. Et de quel pas léger et… sérieux (j'avais volontairement oublié mon monocle carré… en verre de carreau : cet attribut me semblait, pour la première fois, *inutile*… et même un tantinet ridicule), de quelle allure comme ailée, gravement, n'enfilai-je pas le sans fin boulevard de Clichy et celui non moins interminable Rochechouart, n'escaladai-je pas l'escarpement, puis ne dégringolai-je pas la pente de la rue Ramey pour finalement gravir le doux Calvaire dénommé en langue vulgaire rue Nicolet !

On m'introduisit au salon où Mme M… descendit bientôt, m'encourageant d'une poignée de main vraiment cordiale et bientôt suivie de son mari avec qui un salut quasiment céré-

1. Cravate large – comme on en voit dans les portraits de peintres de l'époque – qui se noue sur la chemise, en deux coques, comme les rubans de Mlle de La Vallière, l'une des favorites de Louis XIV.

monieux fut échangé. De vagues propos s'engagèrent… avait-on fait un bon voyage? où en étaient les céréales là-bas? et ainsi de suite, – quand entra la demoiselle vue la première fois,

En robe grise et verte avec des ruches.

Par un phénomène qui s'explique, je ne me souviens plus de son costume de ce soir-là. J'étais tout à la face et à la figure en général d'elle, qui me parut la même, charmante, mignonne… Elle s'assit, après que je lui eus doucement serré ou plutôt pressé les fins doigts de sa main droite, dans le cercle que nous formions aux environs d'une grande table-guéridon chargée d'albums et d'un vase de la Chine aux fleurs qui sentait des meilleurs.

Évidemment il y avait de la timidité, beaucoup de timidité dans son fait et dans son attitude, et de l'émotion évidente; et pour ma part, je crois bien qu'à cet instant je ne brillai pas non plus par trop d'aplomb. Ravissante sensation, prologue délicat, comme surnaturel, aux suprêmes rapprochements. Elle me parla, je lui répondis, le tout banal, innoçâtre[1], si j'ose ainsi barbarifier[2], mais charmant tout de même et… précisément!

Je me retirai au bout d'une petite heure, après permission demandée et obtenue d'une visite pour le lendemain, – absolument conquis cette fois.

1. Innocent; néologisme et barbarisme péjoratif à cause des connotations du suffixe «-âtre».
2. Créer des barbarismes! (néologisme et barbarisme).

9

De ce moment, et tous les soirs, à très peu d'exceptions près, durant les bons trois quarts d'une année, la même promenade, par quelque temps qu'il fît, m'amenait en ce Montmartre de fiançailles et me ramenait vers ces Batignolles depuis si longtemps parentales. L'affection mutuelle, je crois – malgré tout l'avenir qui devait devenir ce triste passé d'à présent – pouvoir à juste titre m'exprimer ainsi le réciproque goût s'en accroissait d'autant. Maintenant l'intimité s'établissait entre nos familles. J'allais tous les dimanches dîner chez les M..., où ma mère était souvent invitée; la *Bonne Chanson* « battait son plein », métaphoriquement et littéralement, et le cher petit bouquin s'augmentait de quelques vers chaque jour. Beaucoup d'entre ces presque improvisations furent supprimées lors de la remise à Alphonse Lemerre[1], déjà LE célèbre éditeur de toujours le passage Choiseul, du manuscrit définitif, et je le et les regrette en vérité, aujourd'hui que jugeant les choses sinon beaucoup plus ce qu'on appelle « froidement » dans l'espèce, du moins, sous le rapport littéraire tout au moins, de plus loin, de plus haut, si vous voulez bien, mieux, quoi! Ces pièces sacrifiées valaient très certainement les autres et j'en suis aujourd'hui à me demander pourquoi cet ostracisme[2]... puritain peut-être, car autant que je puis me rappeler, non pas les vers que j'ai totalement oubliés,

---

1. Éditeur (1838-1912) de Verlaine et des parnassiens. Verlaine lui rend souvent hommage dans *Confessions*. Sa boutique – passage Choiseul – sert de lieu de rendez-vous quotidiens aux poètes cités dans ce chapitre.
2. Exclusion, mise en quarantaine.

mais l'*esprit d'eux*, je dois avouer qu'il me semble que c'est à cause de leur... vivacité... ô si relative que ce n'est rien que de le dire, qu'ils furent, en ces miens temps d'un tout-à-la-joie des délicatesses non même pas encore conjugales, brutalement et pudiquement (au fond c'est la même chose et la pudeur, fruit du péché, en a gardé la saveur âcre) rayés, comme on dit, de mes papiers.

Pauvres innocentes prémices[1] intellectuelles de ce que, dans des mois et des mois encore, me donneraient, me prodigueraient, moyennant telle et telle cérémonie ridicule ou méconnue, le Jour céleste et sa suite... immédiate. De quelle sévérité injuste osait donc vous frapper mon scrupule de « futur », scrupule tout neuf, tout étonné d'être, en ce mois depuis longtemps désaccoutumé de ces vénérables choses-là ?... Hélas ! ne devais-je pas – même après un long intervalle de sincère repentir aux pieds d'un Dieu en qui je crois encore, mais si mal aujourd'hui – chanter d'autres *Chansons*[2] desquelles du moins, la moindre hypocrisie, disons mieux, la moindre retenue est, on croirait *soigneusement* bannie et à propos desquelles je n'ai nul repentir mais qui, bien au contraire, bercent pour les réveiller plus ardents, plus fauves, mes désirs tout, ou presque, à la chair maintenant !...

Le temps passait, bien lentement au gré de mon impatience vers un bonheur définitif, pensais-je de toutes les forces de mon sentiment et de ma raison. Après les mois de pluie et de neige

---

1. Commencements, débuts de la cour faite à Mathilde, cour limitée aux mots « prémices intellectuelles » et non aux « choses », si impatiemment attendues.
2. « Chansons pour Elle » (1891), titre d'un recueil dédié à Eugènie Krantz, sa compagne du moment.

où patauger non sans un charme comme un aventurier (on fait ce qu'on peut : d'ailleurs l'Aventure m'attendait infinie!) vinrent avril et les primes jours de mai, frisquets et coquets, qui cambraient sous leur piquante caresse mon buste alors svelte, et tendaient mes jarrets infatigables en ces temps-là, surtout pour de tels pèlerinages que ceux vers le petit hôtel de la rue Nicolet.

Lorsque arriva l'été, le lourd été de 1870 – là en est parvenu mon récit – avec ses soirées interminables et la fréquence de ces orages, il commença lors de mes visites d'après-dîner, à être enfin question de dates et le milieu de juin fut dès son tout commencement fixé pour l'heureuse cérémonie.

Donc, ce sera par un clair jour d'été.
Le grand soleil, complice de ma joie,
Fera parmi le satin et la soie
Plus belle encore votre chère beauté.
……
Et quand le soir viendra, l'air sera doux
Qui se jouera, caressant, dans vos voiles,
Et les regards paisibles des étoiles
Bienveillamment souriront aux époux.

Mais il me semble de mise, puisque précisément me voici en train de citations miennes, de bien, avant de me plonger dans toutes les profondeurs de mon étrange vie privée, préciser ma situation littéraire à ce juste moment. Les *Poèmes saturniens*, contemporains du *Reliquaire* (les deux recueils parurent le même jour de 1866) avaient eu, comme d'ailleurs le livre de mon cher François Coppée, une fortune diverse : pas mal de revues et de journaux, mortes et morts depuis, leur distribuèrent, quelques-uns à profusion, l'éloge incompétent (me semblait-il alors et me paraît-il encore) ou le blâme sans discernement ni grande bonne foi plutôt. D'autres, par l'organe de gens sérieux, Roqueplan, Yriarte et *tutti quanti*, nous encouragèrent vraiment. Sainte-Beuve[1], par exemple, prit la peine de m'écrire, à plusieurs reprises, minutieusement, preuve qu'il s'intéressait, et, dans une visite que je lui rendis en compagnie de Coppée, fut bien intéressant. Je le vois encore, avec sa tête d'où l'embonpoint de l'âge avait chassé la laideur initiale ; chauve, rasé, aux petits yeux un peu à la chinoise, au rictus fin encore plus que malin, quoique bien malin déjà. Calotté de noir velours, tout de flanelle blanche habillé, en raison de rhumatisme (hélas ! je devais connaître cela par la suite), il avait l'air d'un pape hétéroclite dans son immense fauteuil. Avec cela une très latente mélancolie de séminariste ou plutôt janséniste, et d'un amoureux rétrospectif et plein de souvenirs soigneusement cachés... C'était à mes yeux, plutôt encore l'homme de *Volupté* que l'écrivain, si savoureux encore mais non sans des dessous bien étranges, des derniers *Lundis*, et je me prenais, en contemplant cette figure mi-voltairienne, mi-cléricale et par-dessus tout, et en dépit de tout, poétique à sa manière bien sienne, intime et pénétrante entre toutes, à me redire mentalement, à

1. Écrivain français (1804-1869) auteur de *Vie, poésies et pensées de Joseph Delorme* (1829) qui reste célèbre pour ses critiques littéraires fondées sur l'examen précis de « l'individu-talent ».

la face de celui qui les avait faits, ces vers « libres » attribués à un petit garçon dans l'extase d'un prompt destin d'exilé deux fois et par la politique d'un père et par sa propre chancelante pauvre santé :

Mon Dieu, rendez-nous la mer
Et la montagne Saint-Pierre
Et notre petit jardin
Et grand'maman le jasmin.

Il parlait d'une voix dont l'intonation m'échappe aujourd'hui, mais autant qu'il pourrait m'en souvenir de si loin, après une seule audition, notez-le bien, claire plutôt que haute, mesurée, pesée, plutôt que lente positivement. Il nous dit des choses charmantes dans une langue courante avec du pittoresque, tel un ruisseau sur des herbes et des cailloux, des souvenirs sans trop d'anecdotes. Il parlait de Victor Hugo avec une réserve admirative que l'auteur des *Châtiments* plus que celui des *Rayons et les Ombres* ne professait guère à l'égard de celui des *Consolations*, comme je pouvais dès lors et pus depuis m'en convaincre dans maintes conversations tenues entre le grand homme et ce moi chétif...

Quant à nous et à nos débuts, il nous félicita gentiment, point trop paternellement, plutôt avunculairement[1] (le mot n'est pas de moi). Ses critiques bienveillantes s'exerçaient de

1. À la manière d'un oncle (néologisme) ; forgé à partir de l'adjectif « avunculaire ».

préférence sur mon abus des grands mots en K et en G et en Ç, vestige de lectures trop juvénilement convaincues de Leconte de Lisle. Pourtant, en dépit des Tchandra et des Çurya qui s'y trouvaient de trop à son avis, et au mien... d'aujourd'hui, il aimait la pièce Çavitry :

Ainsi que Çavitry faisons-nous impassibles,
Mais, comme elle, dans l'âme ayons un haut dessein !

L'entretien ayant dérivé légèrement vers la vie privée (comment pouvait-il en être autrement avec Joseph Delorme ?) et comme je lui parlais de mes projets de mariage, sans enthousiasme ni, je le crois, sans causticité, il « conclut » par ces mots, – ou ce mot :

– C'est à voir, c'est à voir.

10

J'ai, dans divers livres où je parle un peu de tout et de tous, éparpillé de suffisants détails à propos du *Parnasse contemporain*[1], de son bel effort, et des succès finals ainsi que des chers combattants de qui la plupart sont demeurés mes bons amis toujours sur la brèche conquise et prêts aux retours imprévus d'un ennemi multiforme, mauvais goût, platitude ou extravagance. Inutile donc de revenir sur ces temps héroïques, mais je le répète, il est bon de préciser ma situation parmi mes camarades défenseurs, à mes côtés, du même drapeau que le mien.

Nous avions presque tous forcé la notoriété, et quelques-uns déjà la gloire : Coppée[2] avec ses *Intimités* parues en même temps que mes *Fêtes galantes*, surtout son *Passant* qui pour la première fois fit entendre sur les planches la langue renouvelée que nous apportions, Sully Prudhomme[3], sévère et doux, marqué de ces jours reculés du bon signe vraiment et dûment académique.

Les autres soutenaient dignement la lutte dans la plaine, Dierx[4] et ses *Lèvres closes*, succédant, bien plus parfaites encore et qui marquèrent magnifiquement son apogée, à des *Poèmes et*

---

1. Titre du *Recueil de vers nouveaux* publié par l'éditeur Lemerre (de 1866 à 1876). Il constitue une théorie poétique antiromantique, une sorte de manifeste du mouvement parnassien auquel appartiennent à ce moment-là Verlaine, et tous ceux dont le nom figure dans cette page.
2. François Coppée (1842-1908). Verlaine le rencontre chez la marquise de Ricard ; figure dans le recueil *Les Hommes d'aujourd'hui* (1885) et est l'auteur de *La Reliquaire* (1866).
3. Poète français (1839-1907) ; parnassien par le culte de la forme et ingénieur de formation, il rêvait d'unir la poésie et la science. Verlaine admirait son recueil *Les Solitudes* (1869).
4. Léon Dierx (1838-1912). Né à La Réunion. Auteur de *Les Lèvres closes* (1867) et *Poésies* (1872), il est élu « prince des poètes » en 1898 à la mort de Mallarmé. Verlaine lui consacre une étude dans *Les Hommes d'aujourd'hui.*

poésies qui avaient promis et tenu ; Valade[1] et Mérat[2], frères séparés, non désunis, après avoir donné, dans un duo printanier, *Avril, Mai, Juin*, chacun sa note, chantant l'un ses *Chimères*, l'Idéal et son *Idole*, la Femme, l'autre flûtant *À mi-côte*, de délicieuses et parfois mieux que profondément mélancoliques églogues[3] ; Heredia avec ses sonnets qui l'ont fait sans égal possible dans cette forme qu'il préfère, tout en maniant l'épopée superbement encore ; enfin, Mendès, exubérant, enthousiaste, mais déjà sachant dominer, gouverner sa forme et sa pensée et certes alors, par son esprit séduisant mais impérieux de propagande, quelque chose comme le maître, tout en restant leur bon et fraternel camarade, de ces jeunes esprits eux-mêmes exubérants et enthousiastes !

On se réunissait chez Leconte de Lisle le samedi, chez Banville le jeudi, en des soirées toutes à des conversations d'art et de poésie que l'esprit caustique du premier pimentait de « truculente et portenteuse[4] » sorte, et que salait combien délicatement l'ironie toute plaisante de l'autre maître. Plusieurs d'entre nous fréquentaient chez l'admirable Nina de qui j'ai parlé de-ci de-là, insuffisamment : nature d'artiste que son feu dévora prématurément. Cros, Villiers de l'Isle-Adam, deux génies, tôt en proie à la fatalité de leur glorieuse supériorité sur

1. Léon Valade (1841-1884). Camarade de travail de Verlaine, il fait partie du groupe des « Vilains Bonshommes » (note p. 115).
2. Albert Mérat (1840-1909). Poète parnassien habitué des réunions du passage Choiseul (note p. 136). Verlaine fait son portrait dans *Les Mémoires d'un veuf*, chapitre intitulé « Du Parnasse contemporain ».
3. Poèmes courts et champêtres, à l'imitation de Virgile, auteur des *Bucoliques*.
4. Extraordinaire, prodigieux (archaïsme).

même l'élite, comptèrent parmi les assidus de ces nuits toutes retentissantes de poésie et de musique.

Je cessai presque, dès mon mariage à peu près assuré, de voir beaucoup de mes pourtant si chers compagnons. Tout mon temps, comme tout mon cœur et la plus grande part de mon esprit, étaient à Montmartre et à mes délicieuses visites du soir...

Un soir que j'arrivai, comme toujours joyeux et dans la poche, pour la glisser comme en catimini ès mains de qui de droit, quelque piécette de vers faite au bureau, entre deux classements de documents administratifs auxquels je m'intéressais moins qu'aux mouches qui volaient, symboles fugitifs

De la rime non attrapée

et, aussi, de la raison qui ne me revenait guère qu'en la présence réelle de celle que je voyais partout, et que j'ai tant aimée et si amèrement regrettée, il n'y a pas encore très longtemps, quelques pauvres, désolées, misérables années, tout au plus, solitaires dans la dissipation, veuves parmi des filles et des filles encore, moroses en dépit des « fêtes », de la boisson inépuisable et de la chair goulue !... un beau soir, donc, que j'arrivai, joyeux comme de coutume et même plus, puisque je venais de faire tout à nos mairies et églises respectives pour, dès le lendemain, la publication de nos bans civils et religieux, je fus accueilli de la bonne par ces paroles murmurées : « Mademoiselle Mathilde est très indisposée. Je crois que vous ne pourrez pas la voir aujourd'hui. » J'entrai et m'informai auprès du père qui me tint à peu près le même langage, et monta s'informer auprès de la mère qui me cria du haut de l'escalier : « Mais oui, venez donc. Votre visite lui fera du bien. »

C'était la première fois que je pénétrais dans la petite chambre toute blanche et bleue où se trouvait alitée ma fiancée. Je remarquai dès avant tout une photographie de moi disposée dans le coquillage d'un bénitier sur le mur et que je lui avais envoyée durant son séjour à la campagne, – et je fus infiniment touché ; mais des larmes eurent bien de la peine à ne pas me monter aux yeux quand mon regard se fut porté sur la malade et que ma main eut serré sa petite main brûlante ; la jolie face si mignonne, si rosement blanche, elle était toute tachetée de rouge violacé et un commencement d'enflure tuméfiait les joues en sueur. La bouche néanmoins souriait, pâlotte, hélas ! et les yeux les vraiment et sincèrement beaux yeux qu'un éclat de fièvre aiguisait en ce moment me disaient des choses qu'exprimait à peine la voix quasiment éteinte.

– Ce ne sera rien. Ne craignez rien. À propos, c'est pour demain les publications ? Oui ? Oh ! tant mieux ! Je suis un peu fatiguée, le docteur m'a dit d'essayer de dormir, je n'ai pas pu de toute la journée, mais à présent que je vous ai vu et parlé, je suis si contente que je vais m'assoupir en pensant à vous. À demain, sans faute, surtout !

Le lendemain était un dimanche. J'étais libre toute la journée et toute la soirée. En me reconduisant, le père me confia qu'il craignait que ce ne fût la petite vérole. Les gens de mon âge se souviennent que cette épidémie sévissait dès lors à Paris et devait persister jusqu'après la Guerre et la Commune. On juge de mon inquiétude et de mon empressement, dès mon premier déjeuner, après avoir prévenu ma mère que je ne rentrerais sans doute que pour dîner, invité à déjeuner en ville, lui disais-je pour ne pas l'alarmer inutilement, à me rendre rue Nicolet, pour avoir des nouvelles.

La petite vérole[1] s'était manifestement déclarée et du délire commençait.

J'eus toutes les peines du monde à cette fois monter à la chambre de la malade, et cette fois encore ce fut la mère – digne femme et grand cœur à qui tout mon culte est dédié ! – qui m'introduisit. Le père protestait : d'abord il ne fallait pas ouvrir la porte si souvent, et puis c'était contagieux et...

Je me moquais pas mal de cette objection, par exemple ! mais elle était formelle et quand, avec les autres, plus sérieuses, elles, elle fut apaisée par les infinies précautions prises pour me permettre, sur la pointe du pied, sous une portière épaisse à peine relevée d'une main tremblante, de me tenir au seuil de la chambre, ce me fut un des instants les plus mémorables de ma vie. Mais avec quelque prudence que se fût opérée ma si discrète demi-intrusion, la malade s'en rendit compte et d'une voix si faible, si faible, qu'il fallait en vérité toute l'intuition d'un père et d'une mère et d'un amoureux pour la distinctement deviner plus encore que la percevoir, dit :

– Paul, entrez donc et n'ayez pas peur. Je sais que je suis très

1. Variole

laide en ce moment, car je devine bien quelle maladie j'ai. Mais soyez tranquille, je ferai tout ce qu'on m'ordonnera – et *je ne me gratterai pas.* Mais il paraît que ça se gagne et je ne veux plus que vous m'approchiez ?...

Comme je protestais gentiment, et de tout un cœur si convaincu, contre la sévérité par trop affectueuse de cet ordre, elle ajouta dans un sourire charmant, faisant allusion à notre correspondance de naguère : « C'est la dernière épreuve du prince Galaor » et conclut : « Soyez bien sage et je guérirai bientôt, tout exprès pour vous. Seulement, venez prendre tous les jours de mes nouvelles... et continuez à me faire des vers. Vous voyez, d'ailleurs, je vous ai là, toujours à portée de moi. »

Et elle me désignait la photographie dont il a été question.

Je me retirai sur un signe des parents. L'accès de lucidité avait cessé et tout en refermant cautieusement la porte, j'entendis la faible voix chantonner et comme vagir...

À ma douleur très réelle et, comme toute très réelle douleur morale ou physique, très chaste, se mêlait, dois-je l'avouer, une manière de vilain désappointement que je me blâmais en rougissant presque, si j'ose ainsi dire, mentalement, de ressentir une déconvenue comme qui dirait charnelle. Alors, voilà mon mariage remis aux calendes grecques[1] ! C'était bien la peine de tant s'abstenir, de tant jeûner... et j'étais comme qui dirait honteux de trouver le nom à donner à l'abstinence, au jeûne

1. « Jamais », puisque les calendes ne sont pas grecques mais romaines et désignent les premiers jours du mois.

impliqués... Et j'étais à part moi-même comme quelqu'un à qui, excusez l'expression vulgaire pour caractériser un sentiment vulgaire, on aurait promis plus de beurre que de pain et à qui il ne reviendrait ni pain ni beurre.

Mais ce grossier chagrin, plutôt animal pour tout dire, passa vite et ne tarda pas à faire place à la trop légitime inquiétude sur l'issue de la maladie et à la

Fade et amère

angoisse de l'*absence* à nouveau, et quelle! cette fois, peut-être un prélude à... quoi, grand Dieu (Ah, si j'avais eu la foi, même la foi affaiblie que j'ai le bonheur médiocre, hélas, de posséder encore, comme j'eusse prié, comme j'eusse formulé des vœux auprès des chapelles spéciales, dans les sanctuaires parisiens recommandés).

Le miracle, pour n'avoir pas été demandé, eut lieu tout de même et, vers le milieu du mois, la convalescence commença, si bien qu'après une dizaine de jours de plusieurs visites par jour (dès le petit matin, au retour du bureau chez moi, en passant par le plus long chemin, et enfin le soir pour des renseignements de meilleurs en meilleurs) je pus reprendre « ma cour » presque où j'en étais resté, en apparence, mais en réalité plus avant dans le cher cœur... et dans le mien. Comme elle me l'avait promis, elle avait été « sage », ne s'était pas grattée, admirablement soignée aussi bien par mes amis les docteurs Antoine Cros, le frère du poète et du statuaire, et

Pauthier, jeune homme tout dévouement, tout science aussi, qui devait périr misérablement d'une fatale erreur, lors de la terrible répression de mai 1871. Et puis ses parents l'avaient veillée à tour de rôle, prenant soin, dès qu'elle se plaignait de démangeaisons insupportables, de lui lotionner le visage avec du coldcream[1] et de l'eau de guimauve. De sorte qu'elle m'apparut la même qu'auparavant, sauf qu'elle gardait quelque langueur dans la démarche et un teint un peu plus animé sur un visage légèrement amaigri, qui n'étaient pas, somme toute, sans leur agrément non plus. On avait décidé que le mariage serait remis à la première quinzaine de juillet, ce, vers mai, – quand, la dernière semaine de juin, un peu avant la date tant espérée – il fallut différer encore. La mère venait d'être prise à son tour de maux de reins et de tête trop symptomatiques. L'affreuse épidémie l'avait prise et elle dut subir le même sévère traitement que sa fille.

J'aimais beaucoup Mme M..., et je le lui ai toujours témoigné tant de son vivant qu'après sa mort. On peut en juger par cette pièce de vers inédite que je lui ai consacrée à l'occasion du dernier 2 novembre :

À Madame Marie M...

Vous fûtes douce et bonne en nos tristes tempêtes,
L'esprit et la raison parmi nos fureurs bêtes,

1. Crème pour la peau (anglicisme).

Et si l'on vous eût crue au temps qu'il le fallait
On se fût épargné tant de chagrin plus laid
Encor que douloureux, puis lorsque sonna l'heure
Définitive où d'espérer n'était qu'un leurre
Dorénavant, du moins vous fîtes pour le mieux
Quant à tel *modus vivendi* moins odieux
Que cette guerre sourde ou cette paix armée
Qui succéda l'affreux conflit.
Soyez aimée
Et vénérée, ô morte inopportunément !
Qui sait ? Vous là, précise et sûre au vrai moment,
Votre volonté, toute indulgence et sagesse,
Eût prévalu sans doute et nous eût fait largesse
D'un pardon mutuel obtenu par son soin :
Tout serait pour le mieux avec Dieu pour témoin.
Mais Dieu n'a pas voulu, qui vous a donc reprise
Pourquoi ?
Dormez, ô vous, sous votre pierre grise,
Qui fîtes le devoir et ne cédâtes pas,
Dormez par ce novembre où ne peuvent mes pas
Malades vous allez porter quelque couronne.
Mais voici ma pensée, ô vous douce, ô vous bonne !

C'était une âme charmante, artiste d'instinct et de talent, musicienne excellente et de goût exquis qu'elle était, et intelligente, et dévouée à qui elle aimait, on le verra plus tard.

Les soins les plus empressés lui furent donnés dès les débuts, les mêmes médecins qui avaient guéri la fille, menèrent la mère à mieux, et si je l'avais pu, triste incrédule que j'étais, je le répète, quelles prières aussi eussé-je poussées vers un ciel offensé d'ores et déjà et plus tard donc ! et que je ne devais invoquer pour tant de besoins qu'après des leçons sévères, dois-je le craindre ? en vain.

Encore cette fois, le miracle non invoqué se réalisa : Mme M... guérit rapidement.

Mais mon mariage se trouvait à nouveau retardé.

11

Avec un tact merveilleux et une juste estime pour ce qu'elle sentait être ma délicatesse, Mme M…, se doutant bien du côté déception qui sourdait dans mon successif chagrin de voir toujours (aux amoureux dans la peine, « encore » n'est-ce pas « toujours », en fin de compte et plus ou moins ?) ne s'avisa-t-elle pas – dois-je me servir du mot pour bien spécifier une chose aussi subtilement aimable ? – d'un expédient peut-être sans égal et probablement sans précédent dans son chaste sous-entendu ! Elle feignit d'être moins convalescente et sut persuader à son mari de lui continuer son aide de garde-malade intermittent, en même temps que le convaincre – à juste titre, je le jure – de mon parfait respect pour la jeune fille qui devait bientôt devenir ma passionnément bien-aimée femme. Et c'était, principalement et *comme* de préférence, pendant mes visites qu'il se trouvait très vraisemblable qu'elle eût le plus besoin de la présence de son mari…

De sorte que mes entrevues avec Mathilde, je lui donnai déjà ce nom « carlovingien[1] », et depuis que je lui avais, en hésitant un peu, en tremblant presque, fait lire en le lui déposant entre les mains et en me retirant bien vite, bien vite, un madrigal dont l'*in cauda venenum*[2] était

Que je vous aime, que je t'aime !

1. Invention verlainienne qui connote un temps très ancien, par la superposition des sonorités de « carolingien » et de « mérovingien ».
2. « Dans la queue, le venin » ; désigne ici la closule du poème qui est le tutoiement dans la déclaration finale.

je la tutoyais, quand la chance nous laissait tête-à-tête, et elle avait fini par me le rendre, de sorte, disais-je, que nos entrevues se passaient, à de très rares exceptions près, dans un petit salon au rez-de-chaussée, tout étroit, tout intime, très meublé, touffu, trop en quelque sorte rococo avec un lustre mignard[1] pendant d'un plafond d'indienne en étoile, mais sauvé de l'horreur de même paraître un boudoir[2], en l'espèce, par ledit plafond très haut et une fenêtre des plus larges qui lui restituaient un caractère honnête et familial qu'il fallait pour bien faire ici.

De sorte aussi que ces entrevues qui, chez d'autres eussent pu dégénérer et se corrompre, avec nous demeurèrent innocentes, tout en restant de plus en plus passionnées ou plutôt passionnantes. C'était de nos deux parts des projets d'ameublement, d'établissement, de ménage. Quelle sorte d'appartement préférait-elle, bas avec peu de marches à gravir ou haut et clair ? Parbleu, c'était le clair qu'elle aimait sans contestation possible. Fi de l'entresol noir et même du sombre premier étage !... Et puis, car la petite épouse « économe » et « prévoyante », faisait de temps à autre son apparition si gentiment falote, ce serait, CE SERA meilleur marché, et « par le temps qui court », le bon marché quand il ne lui est pas trop couru sus, ne peut se trouver que trop de mise, et un tas d'et cætera amusants comme tout. La question d'ameublement, surtout, nous intéressait. Une fois, il fut question de lits. Elle en voulait deux, un de palissandre,

1. Joli et mièvre (péjoratif).
2. Petit salon attenant à la chambre des dames.

pour moi, sévère, tout simple, de bon goût, etc., un, pour elle, en capitons de perse rose ou bleue. Tous les deux de milieu. Le mien dans un cabinet de travail, à gravures XVIIIe, à bronzes japonais ; le sien dans un beau fouillis de consoles en Bois de roses, Boules du temps empire, psychés, que sais-je ! La seule chose que je retenais de tout cet exquis bafouillage, c'est que, suivant elle, dans notre ménage il y aurait deux lits, et j'eusse, pour un rien, protesté contre cette hérésie (j'ai toujours été l'ennemi des chambres nuptiales conçues ainsi qu'on les rêve dans des fantasmagories polissonnes à la Crébillon fils[1], non moins qu'à celles funèbrement formalistes des anciennes cours d'Espagne) si ne m'était revenue en mémoire, la sainte ignorance de ma, si puérilement bien, zézayante interlocutrice.

Tout, sauf le *mieux*, qui, au cas présent, eût bien été le pire, allait donc bien : elle s'y mettant de son tout pauvre cher cœur virginal, moi apportant ce que je pouvais de discrétion affectueuse et d'en quelque sorte amoureuse vénération. Je dis tout ce que je pouvais, car il m'arrivait parfois, vers la fin particulièrement, de me sentir moi-même comme non plus capable de me comporter bienséamment et... sciemment. Dans ces cas je quittais brusquement, sous un prétexte bon ou mauvais, avec une rapidité qui étonnait alors et dont on me sut gré ensuite. Un jour que ce m'était arrivé, au lieu du baiser sur le front habituel depuis quelques soirées, mes lèvres allèrent, ô sans trop de

1. Écrivain français (1707-1777). Auteur de romans psychologiques et polissons qui retracent le plus souvent l'éducation sentimentale (et sensuelle) de jeunes filles... comme Mathilde.

plus de préméditation que cela, sur ses lèvres qui, dans leur candeur suprême, me rendirent joyeusement mon baiser comme furtif.

Une fois, c'était, je pense bien, deux soirs après ce soir-là, elle parla layettes, langes, berceaux et nom de baptême selon le sexe... J'étais ravi, mais un peu étonné. De quoi diable allait-elle s'aviser là ! Et des hum ! hum ! mentaux commençaient à me travailler méchamment, quand, elle me dit, en forme de conclusion formelle : « Car nous aurons un enfant. » – À quoi je répondis en toute naïveté presque déjà conjugale : « J'espère bien qu'oui et même plusieurs. » Elle alors, empruntant sans, certes, s'en douter, le si drôle vers de la célèbre apostrophe de cet amusant Piron[1] : « Il n'y a pas de peut-être, dit-elle imperturbable, nous en aurons un pour sûr. » Et comme je demeurai stupide devant cette abracadabrantesquerie[2], elle finit par : « J'ai demandé hier à maman comment on avait des enfants et elle m'a répondu que c'était quand on baisait un homme sur la bouche. Tu vois bien que... »

Et moi, dès lors, devant cette innocence que je savais incontestable et dont la fraîcheur m'est restée toujours dans l'âme comme celle d'un bon fruit *au vent* resté longtemps dans la bouche, – de saisir la balle au bond et de m'écrier : « C'est vrai... Elle a bien dit, ta mère. (Que ce tutoiement m'était donc

1. Poète et dramaturge (1689-1773). Son nom, comme celui de Crébillon fils, connote le libertinage et les propos « salés ». Connotation opposée à la candeur virginale de Mathilde.
2. Absurdité (néologisme probablement inspiré par Rimbaud qui affectionne l'adjectif « abracadabrantesque »).

à la fois doux à l'infini... et cruellement incomplet!) Raison de plus pour mieux nous aimer si c'est possible.» Et désormais, convaincus *tous deux* qu'il n'y avait *plus de danger* et que le cher mal était fait, qu'il n'y avait plus à y revenir, nous nous embrassâmes à tour de bras et nous baisâmes à pleines lèvres. Après quoi, Joseph[1] de moi-même, Hippolyte[2] par ma propre initiative et, pour tout dire, trop tenté cette fois, je m'enfuis comme un assassin qui laisse tomber son couteau, comme un voleur que son vol effraie et qui s'en va les mains vides, – mon cœur à l'aise, tout de même!

Le temps s'écoulait et nous pouvions déjà présumer que le Jour qui n'en finissait pas d'arriver en finirait tout de même, en août.

Néanmoins, au-dehors commençaient à circuler de fâcheux bruits. La paix de l'Europe semblait compromise. Des bêtises impériales et de royales fourberies paraissaient devoir, comme de coutume, être réparées par du sang. On convoquait le ban et l'arrière-ban des jeunes hommes, et la garde mobile à peine réunie, à moitié habillée et non encore armée, faisait au camp de Châlons l'exerce avec des bâtons. Or je faisais partie..., sur le papier, de la dernière classe à prendre sur cette nouvelle milice. On n'avait pas encore touché à ladite mienne classe, mais il était question au Corps Législatif de s'en occuper. La peste du Corps Législatif et de la Garde Mobile et de la guerre et du roi

1. Époux chaste (malgré lui) de la Vierge Marie.
2. Modèle grec de chasteté : il résiste à la passion de sa belle-mère, Phèdre, qui se vengera en le faisant mourir.

de Prusse et de l'Empereur et du prince de Hohenzollern[1], qui s'en venaient tous à l'encontre et m'avaient tout l'air de menacer, cette fois, d'une manière légale, stricte, bien plus terrible, si possible, que tout le reste, déjà oublié, mon bonheur si proche !

Et mon amour s'en exaspérait davantage : qu'allais-je faire peut-être de mal et de vilain ?

Heureusement une diversion survint, sous la forme d'un petit voyage de pur agrément.

1. Nom de la famille allemande dont sont originaires les rois de Prusse (pas encore réunie à l'Allemagne, avant la guerre de 1870).

12

On comprendra que je m'étende peu sur ce mince épisode dont je ne parle même ici qu'à titre précisément de bonne, de très bonne diversion à une situation devenant pour ainsi dire impraticable, vu l'état même des choses, contrarié, comme à plaisir, par de cruels événements vraiment.

La marquise de M... que j'avais connue chez Nina, femme elle-même remarquable par les dons de l'esprit et du cœur, qui avait été, très jeune, l'amie et un peu l'élève d'Alexandre Dumas, le père, nous invita, fin juillet, Sivry, sa femme, sa plus jeune sœur et moi, à passer quelques jours dans son château de M..., près d'Argentan. Plaisant séjour au milieu d'une campagne des plus agréables comme eaux et comme bois. Je ne parle pas du bon cidre capiteux non plus des vilains voisins processifs, ni que des fameuses courses du Pin, qui furent les extérieures distractions de cette courte et pour moi, néanmoins, encore trop longue villégiature, au cours de laquelle notre tout aimable amphitryonne multiplia les parties de voiture, les repas improvisés, délicieux de gaîté et substantifiquement parlant aussi, et les anecdotes piquantes qu'elle racontait sans fin d'une manière captivante au possible.

Oui, trop longue, cette pourtant charmante halte aux champs, pour mon impatience de fiancé, mes inquiétudes d'éventuel garde mobile des plus patriotes, certes, mais, par surcroît des mieux férus entre tous les amoureux du monde, et pour tout moi, quoi! Chaque jour je recevais et j'envoyais des lettres qui n'en finissaient pas. C'est surtout en ces moments que j'intercalais dans ma prose touffue et débordante, des «bonne chanson» qui ne devaient pas faire partie du petit volume qu'on connaît peut-être, et qui n'était pas l'éditeur, *sobre siete llaves*[1], tout prêt à paraître le jour même où le prince Galaor serait pour recevoir la palme de son doux martyre.

Voici d'ailleurs, tout à fait inédits, quelques-uns de ces minimes poèmes, un peu vifs, n'est-ce pas, pour faire positivement partie d'un cadeau de fiançailles, mais au point, je crois, et bien dans la note congruente[2] à de si proches justes noces. J'ai bien changé ma «manière» et de «manières», depuis. N'importe, j'éprouve un plaisir que je ne saurais dire en retrouvant après tant d'années, dans la poussière, tout à l'heure encore désespérément secouée de «mes» tiroirs jamais longtemps les mêmes et parmi les ruines de ma mémoire, ces quelques épaves d'un vaste naufrage de paperasses et de souvenirs :

Ô l'Innocente que j'adore
De tout mon cœur, en attendant
Qu'à ce bonheur timide encore
S'ajoute le plaisir ardent,

Vienne l'instant, ô l'Innocente,
Où sous mes mains libres enfin

1. Littéralement «sur 7 clés», c'est-à-dire comme en musique sur toute la gamme.
2. Adéquate.

Tombera l'armure impuissante
De la robe et du linge fin.

Et luise au jour chaud de la lampe
Intime de ce premier soir
Ton corps ingénu vers quoi rampe
Mon désir guettant ton espoir,

Et vibre en la nuit nuptiale
Sous mon baiser jamais transi
Ta chair naguère virginale
Nuptiale enfin, Dieu merci !

*

Je t'apprendrai, chère petite,
Ce qu'il te fallait savoir peu
Jusqu'à ce présent où palpite
Ton beau corps dans mes bras de dieu.

Ta chair si délicate, est blanche,
Telle la neige et tel le lys,
Ton sein aux veines de pervenche
Se dresse en deux arcs accomplis ;

Quant à ta bouche, rose exquise,
Elle appelle mon baiser fier ;

Mais sous le pli de ta chemise
Rit un baiser encore plus cher...

Tu passeras, d'humble écolière,
J'en suis sûr et je t'en réponds,
Bien vite au rang de bachelière
Dans l'art d'aimer les instants bons.

*

Tu parles d'avoir un enfant
Et n'as qu'à moitié la recette
Nous baiser sur la bouche, avant,
Est utile, certes, à cette
Besogne d'avoir un enfant.

Mais, dût s'en voir à tort marri
L'idéal pur qui te réclame,
En ce monde mal équarri,
Il te faut être en sus ma femme
Et moi me prouver ton mari.

Tels quels, j'écrivais, de M..., ces petits « vers » dont les deux derniers, *maintenant que j'y pense*, après vingt-quatre ans, sont, par parenthèse, d'une construction plus que contestable ; mais je ne pensais guère alors qu'à mon but, me préparer une facile et délicate pourtant nuit de noces, aussi peu pénible pour les deux intéressés, par le fait ! Les envoyai-je précisément tels quels ? Ici, ma mémoire hésite, peut-être bien atténuai-je, par-ci, par-là, quelques traits par trop caractéristiques. Bon de soulever quelques voiles ; encore bien des ménagements sont encore de bonne guerre en même temps que de bon aloi, dans des escarmouches de cette nature, comme dans celles moins platoniques qui allaient suivre, si les choses le permettaient, sous si peu !

Enfin le jour du retour arriva, car celui du mariage approchait dare-dare. Mais, bon Dieu que d'aventures encore et quelles ! entre cette coupe divine et mes pauvres lèvres desséchées d'attendre et d'attendre ainsi sans cesse ! Oui, que d'aventures, impossibles ! comme on dit, dans un si court, mais si court espace de temps !

Car c'était la semaine du grand moment ! Les événements avaient marché et marchaient à pas d'ogres. Nous ne vîmes, tout le long du train omnibus qui nous ramenait, et à toutes les moindres stations, que réservistes rejoignant. On ne parlait que de la guerre qui débutait si mal, de trahison (déjà !), etc. Avec ce que j'ai dit précédemment on peut se rendre compte de ce que je ressentais et comme amoureux et comme... garde mobile éventuel quand nous descendîmes par cette triste « arrivée » de la gare Montparnasse. (Avez-vous remarqué que toutes les « arrivées » des gares de Paris sont tristes, même quand, ce qui était notre cas, on n'a pas à subir les affres de l'octroi[1] ?) Un air

1. Droit d'entrée des marchandises, perçu par certaines municipalités aux barrières ou « portes » des villes.

de tristesse indéfinie planait comme un crêpe[1] dans le crépuscule rouge et noir d'une étouffante et menaçante soirée d'août chargé d'odeurs moites et d'électricité. La foule, d'ordinaire circulant insoucieuse et plutôt gaie à ces heures dans ces parages, stationnait auprès des kiosques à journaux, et c'était, du fiacre qui nous emportait aux confins de la Rive droite, des gesticulations fiévreuses, doigts en l'air et têtes branlantes... La Renommée aux cent bouches[2] assombrissait ses mille voix, vocifératrices plus ou moins sincères de bonnes et mauvaises nouvelles, toutes alarmantes d'ailleurs... pour moi surtout. Ah! il ne manquerait plus que ça!

1. Morceau de tissu noir comme celui que l'on porte (au bras ou à la boutonnière) en signe de deuil.
2. Représentation de la gloire en femme dotée de 100 bouches, ou embouchant une trompette (allégorie).

13

En dépit de mes reproches intérieurs (car à quoi bon alarmer cette enfant, sans raison peut-être ?) je ne pus m'empêcher, dès le lendemain soir, dans un entretien véritablement passionné, de faire part à Mathilde de mes tristes pressentiments auxquels elle prit une part qui me navrait ensemble et me charmait. Pour néanmoins, écarter les trop sombres préoccupations, elle et moi nous nous occupâmes des menus détails en vue de la cérémonie de dans quelques jours. La couturière dut en voir de grises et je ne laissais aucun repos au tailleur. En même temps, je tâtais ma future, avec laquelle je me promenais depuis longtemps, sous l'égide de sa mère, les jours de loisirs – depuis longtemps, oui, car je me rappelle, comme d'aujourd'hui, avoir vu cette année-là le dernier bœuf gras et le dernier chie-en-lit[1] sérieux passer, sous un grésil[2] des plus mémorables, sur cette glaciale (ou torride) place de la Concorde, – je tâtais, dis-je, discrètement ma future sur les cadeaux qu'elle voudrait bien accepter dans la modeste corbeille de noces que je lui destinais avec le regret que celle-ci ne pût être « tout au moins » royale, et nos stations aux devantures des bijoutiers et des magasins de linge fin étaient sans nombre.

Tout allait donc au mieux pour nous et le matin de l'avant-veille de la date bénie put contempler mon réveil ravi, mon

1. Orthographe ancienne de « chienlit », masque de carnaval ; associé au « dernier bœuf gras », il évoque d'anciennes festivités.
2. Précipitation de neige fondue.

allée allègre au bureau après le meilleur baiser donné à ma mère un peu soucieuse, elle aussi à cause des nouvelles de la guerre et de leur influence probable sur les délibérations des Chambres, mais enchantée de ma présente belle humeur ; enfin, mon zèle administratif, objet de l'admiration légèrement inquiète de mes collègues qui n'en avaient jamais tant vu de ma part et de mes chefs littéralement ahuris.

Oui, tout allait au mieux, quand vers la fin de la journée bureaucratique, aux environs de quatre heures et demie, cinq heures, dans la lumière affadissante de la grande pièce aux murs bondés de cartons pleins de paperasseries, où nous étions quatre derrière des paravents et devant des tables à casiers, chargés à en rompre d'autres paperasseries en désordre, de lourds encriers, de *grimaces* hérissées d'épingles, à noircir d'affreuses feuilles blanches à en-têtes imprimés, avec des formules toujours les mêmes, *mandat de paiement de trimestre, etc.*, et des noms, *Guglielmini, Belloir*, et *tutti quanti*, je vis entrer, pâle, défait, méconnaissable, un de mes bons amis, L... de R..., garçon d'un cœur trop débordant, l'exaltation en personne, qui, brusquement, m'apprit que sa maîtresse venait de mourir en couches, et qu'il allait se tuer, me montrant à l'appui un revolver affreusement chargé et me remettant aux mains un pli assez lourd que je ne devrais lire, ajouta-t-il, qu'après sa mort, puis, avant que je pusse, abasourdi, du moins le retenir pour quelque explication qui eût peut-être modifié ses résolutions, s'enfuit, dépistant à travers les corridors et les escaliers mon immédiate poursuite en vue d'essayer de le détourner d'un suicide épouvantable à mon cœur d'ami sincère, et de le désarmer s'il était possible et de le retenir par la force, s'il fallait, près de moi.

J'ignorais son adresse. Supposant qu'il me l'avait laissée dans la lettre qu'il venait de me donner, je décachetai cette lettre qui ne contenait qu'un testament où il me chargeait de veiller sur l'enfant survivant, dont la naissance avait coûté la vie à la pauvre femme qu'il voulait, mon malheureux ami, suivre dans la tombe. D'adresse, point... Ce ne fut que le lendemain matin, qu'après mon petit déjeuner, comme je m'apprêtais pour aller au bureau, m'arriva un télégramme, me priant de me rendre en toute hâte, à Passy, telle rue, tel numéro, et signé L... de R... Atterré et craignant tout, mais dans le suprême espoir, que je sentais chimérique, que l'infortuné me demandait peut-être en vue de me revoir et d'essayer de cramponner son désespoir à ma fidèle amitié, j'écrivis un mot d'excuse à mon chef, et je pris un fiacre au plus vite.

La veille, *on* m'avait trouvé, rue Nicolet, un air tout sens dessus dessous, et quelques reproches, ô si affectueux ! m'en furent adressés. Je n'avais pas cru devoir me disculper davantage qu'en attribuant mon un peu « triste figure » à une extrême fatigue due à un excessif travail de bureau, ce chien de bureau qui n'avait même pas consenti à deux ou trois jours de congé avant mon mariage et ne m'accordait, en suite de lui, que quarante misérables heures de répit !

Quand j'arrivai à Passy, je trouvai L... de R... étendu sur son lit, tout habillé, le front percé d'une balle. Ô cette tête, qui avait été belle avec sa pâleur chaude et ses longs cheveux romantiques, cette tête affreuse, violette maintenant, aux yeux encore plaintifs sous les paupières entr'ouvertes, à la bouche grimaçante et de côté, montrant les dents dans une ouverture d'expiration dolente!

Je dus, au plus vite, aller prendre les ordres de la mère qui ne me connaissait que par le bien que son fils lui avait dès longtemps dit de moi... et que l'atroce stupeur plus encore que l'immense désespoir – un fils unique et chéri et qui la chérissait! – rendait incapable – douloureuse et comme offensée par cette mort pour une étrangère! – de s'occuper des misérables choses qu'implique un décès, surtout un décès il-lé-gal. Enquête, pour la forme, mais taquine[1] quand même, du médecin de la mairie, « obéissant à des ordres spéciaux », visite plus vexatoire encore du secrétaire de Monsieur le commissaire de police du quartier, déclarations, témoins à décider, car, à Paris, on n'aime pas à contresigner la fin d'un homme qui en a eu assez de l'existence qu'on mène ici-bas!

Bien plus, la mère, catholique, me chargea d'obtenir de M. le curé de Passy l'entrée à l'église du corps de son malheureux fils. Je trouvai d'ailleurs dans cet ecclésiastique un homme très affligé de ce qui était arrivé et très touché de la présente démarche, qui, après m'avoir, comme devait l'y inviter mon âge et la grande sincérité d'émotion que je manifestai tout en me déclarant ou plutôt en me laissant deviner incrédule, un peu sermonné, accorda un « convoi de trois heures[2] » pour le lendemain...

1. Agaçante.
2. Convoi mortuaire prévu à 3 heures de l'après-midi, heure moins favorable que celles du matin.

Le lendemain qui était donc la veille de mon mariage – cette fois, le soir même de cette avant-veille si tristement mémorable, j'avais expliqué mon étrange tenue du soir précédent et l'on ne m'avait pas su mauvais gré de l'explication, tout au contraire, plutôt, – après l'envoi simultané à mon bureau d'une nouvelle excuse d'absence et de diverses invitations à la cérémonie du jour s'ensuivant, j'assistai, en compagnie du seul M. Anatole France, mon ami depuis longtemps et toujours resté tel bien affectueusement (pourtant de nombreuses lettres de part avaient été envoyées par mes soins), aux courtes prières d'après-midi, dernier adieu à celui qui n'avait pu davantage lutter contre cette cruelle vie.

Dans quel état d'énervement je rentrai dans Paris proprement dit, l'incident suivant en fera preuve mieux que toute analyse psychologique.

La vérité venait d'éclater la veille, place Vendôme. Au lieu de la fausse victoire de Mac-Mahon qui avait fait, deux jours auparavant, se pavoiser follement toutes les fenêtres du quartier, hélas ! de la Bourse ! on apprenait la triple défaite et la retraite « en bon ordre » de l'armée du Rhin. Une extraordinaire surexcitation fermentait, menaçante, et d'ailleurs absurde, comme la suite devait le démontrer. On s'arrachait les journaux autour des marchandes. J'en achetai un qui mit le comble à l'état d'esprit horriblement fiévreux où je me trouvais depuis la veille, et, je n'étais pas plutôt installé de quelques instants sur la terrasse du café de Madrid, où je trouvai nombre de camarades, littérateurs et ce qu'on n'appelait pas encore politiciens, qu'un régiment venant à passer, *Marseillaise* en tête, un formidable cri de « Vive la République ! » s'élança de toutes les poitrines – de presque toutes du moins ; car comme je m'étais un peu levé et approché du bord du trottoir pour mieux faire ma manifestation apparente, ô de pur instinct, – ça, croyez-le bien, – et sans espoir d'une sous-préfecture après « la Glorieuse[1] » imminente, un monsieur, chapeau rond, l'air d'un calicot[2] en délire m'apostropha : « C'est vive la France qu'il faut crier, citoyen ! En un pareil jour il n'y a plus de partis, il n'y a plus que le drapeau », etc., et, pour me prouver la vérité de son dire, me désigna à des agents qui s'approchèrent et firent mine de m'empoigner. À cette vue, et comme je gesticulais comme un beau diable, proclamant encore et encore la République de toutes mes forces, et ma foi ! de tout mon cœur les camarades de la terrasse et quelque public m'arrachèrent aux agents qui d'ailleurs me tenaient assez mollement, et je me dérobai aux ovations par le passage Jouffroy. En voilà, une affaire ! on allait en apprendre de belles, rue Nicolet, ce soir ! Et harassé, plein de soif et dans un désordre de toilette qui réclamait quelque soin de ma cravate et autres accessoires, j'entrai au café de Mulhouse qui depuis fut un bouillon et sur l'emplacement duquel, jardin compris, s'est installé le musée Grévin. Là, je demandai la dernière absinthe que je dusse prendre de longtemps, de pas assez longtemps, et le journal du soir le mieux informé, qui était

1. Révolution, par référence aux « Trois Glorieuses », journées révolutionnaires de juillet 1830 (27, 28 et 29) qui mirent fin au règne de Charles X, et par là-même, des Bourbons.
2. Banderole portant une inscription.

alors *la Patrie*, sous la forme patriarcale et trapue qu'elle a perdue depuis, est-ce pour un bien ? La première chose qui y frappa mes yeux était ceci à peu près textuel et cruellement exact dans sa teneur : « Eugénie, régente, à tous présents et à venir salut. Promulguons, le Conseil des ministres entendu, le Corps législatif a voté, le Sénat a adopté : Article unique : Tous les hommes non mariés, des classes 1844, 1845, etc., qui ne font pas partie du contingent, sont appelés sous les drapeaux. »

Ça y était ! Mon mariage n'aurait pas lieu !

14

Et dès après avoir, car je ne manquai jamais à ce devoir, embrassé ma mère chez qui j'étais entré, comme un fou, mais affectant le calme qu'il fallait, et dîné vite, je la quittai dans une étreinte qu'elle dut surtout attribuer à mon bonheur que ce fût ma dernière soirée avant la suprême nuit, et courus d'un trait jusqu'à mon paradis cru perdu !

Là, en attendant que « Mademoiselle » descendît au petit salon coutumier, j'essayai de me remettre un peu et de me composer un maintien, en même temps que par une toux discrète dans le creux de ma main je me préparais une voix appropriée. Je croyais y avoir réussi, au moins en partie, mais dès l'entrée d'Elle tout mon échafaudage de sang-froid et de calme s'écroula dans une émotion sans pareille dont l'expression soudaine hacha d'illogiques exclamations et presque de sanglots le discours prémédité que j'avais en tête. Mon histoire, racontée de cette façon-là, commença par l'abasourdir, elle me la fit répéter et répéter, et sa conclusion, après d'évidentes alarmes qu'elle partageait et de plus en plus à mesure que s'élucidait mon récit réitéré, et qu'elle me cachait mal, d'ailleurs, fut ce que murmurait encore quelque chose, ô de si faible, en mon agité, en mon tumultuairement contradictoire for intérieur :

– « C'est impossible, c'est tout à fait impossible ! »

Impossible, évidemment. Mais sûr, ô qu'oui, hélas ! et je lui montrai un journal que j'avais acheté en route.

Alors elle s'attrista, le dirai-je, jusqu'aux larmes, ce qui me fit pleurer à mon tour. J'entrai dans la plus grande exaltation et ce fut, après d'infinies lamentations réciproques, que, tombant à genoux et la tête presque sur la jupe de son peignoir blanc tout simple qui grandissait un peu sa petite taille et, un peu aussi, angélisait son corps plutôt légèrement disposé à devenir potelé, je finis par oser lui faire comprendre, à travers combien de précautions! – mais peut-être était-elle, depuis le soir du baiser sur la bouche, plus instruite de ce qui l'attendait dans l'état de mariage, – qu'il serait cruel, inhumain à elle, et préjudiciable à tous deux, quoi qu'il arrivât et au cas où, le lendemain, on nous refusât, aux termes du décret impérial, de prononcer la formule d'union tant attendue, de ne pas m'accorder, avant le départ pour le régiment, tout ce que je lui demanderais, fût-ce cette chose complémentaire dont lui avait parlé mon dernier petit envoi de vers. Elle me promit tout ce que je voulus, et, fort de sa parole que je savais fidèle, je me relevai, plus ferme, mieux décidé au bien, redevins moi-même et, l'ayant baisée bien gentiment sur sa menotte un peu fiévreuse, m'en allai dans je ne sais plus quel état à la fois joyeux et navré, mais en somme plutôt *bien.*

Nuit très calme, sans rêve. Réveil de bonne heure, plutôt joyeux! Au fond, j'avais un bel espoir, une certitude, quelle certitude au cœur et aux sens! *En tout cas*, ça irait bien. Car si j'étais amoureux, maintenant que l'amoureux pouvait compter sur l'accomplissement de son désir le plus direct, j'étais patriote aussi, et... oui, même

Mourir pour la patrie

moyennant un amour satisfait qu'on a dans la tête et dans le sang, me paraissant vraiment bel et bon...

Nous arrivâmes rue Nicolet, ma mère et moi, environ une heure avant que trois voitures de remise vinssent prendre « la noce », composée de nos quatre témoins au nombre desquels, entre un médecin-major vieil ami de ma famille et un savant de l'Institut, se trouvaient notamment mon regretté Léon Valade[1] et Paul Foucher beau-frère de Victor Hugo, l'homme le plus myope de France peut-être, qui, moi lui ayant été présenté par ma belle-mère comme le fiancé de sa fille, au sortir du concert Pasdeloup, n'avait retenu de ma physionomie que ceci qu'il proclamait à tous ceux que cela pouvait intéresser : « J'ai vu l'autre jour le futur de Mlle M... C'est prodigieux ce que ce jeune homme a de cheveux ! » Or, dès cette époque je commençais à ébaucher et non « de main morte » la parfaite calvitie qui me distingue aujourd'hui de quelques-uns de mes contemporains, même des mieux favorisés naturellement sous ce rapport-là... L'on causait de tout un peu en attendant les quelques invités peu nombreux (vu les circonstances de la guerre et les nouvelles de plus en plus mauvaises), parmi lesquels M. Camille Pelletan, un camarade de longue date, alors poète et auteur même d'une comédie en vers qu'il devrait bien imprimer, car, ainsi, du reste,

1. Léon Valade (1841-1884). Camarade de travail de Verlaine qui fait partie du groupe des « Vilains Bonshommes » (note p. 115).

que plusieurs petits poèmes dont il donnait à cette époque volontiers lecture à ses intimes, elle était marquée au bon coin banvillesque avec de l'originalité vraie... La vie, qui est si baroque, a fait de ce fantaisiste aimable, primesautier, gamin et enfant à ses heures, un homme politique de qui d'aucuns, lesquels d'ailleurs peuvent sans usurpation se mettre en tête des imbéciles du reportage parlementaire, ont fait, de toutes pièces, le croquemitaine et le Diable sortant tout ébouriffé d'une boîte à ressort, qu'on sait... et qu'on n'a jamais vu.

Ma fiancée descendit enfin toute rosée sous un long voile blanc. Elle ne portait plus aucune trace de sa récente convalescence et était redevenue, peut-être un peu plus forte, la mignonne de naguère. Elle me salua d'un regard où se lisait l'assurance, la chère assurance de la veille et comme de la résolution au quand même promis! Sa vaillance me rendit encore plus vaillant et ce fut d'une main de serment que je serrai la sienne, ferme aussi. C'était donc charmant et ce fut d'un pied de conquête, presque, que j'escaladai le plutôt trop haut marchepied de la seconde voiture où se tenaient trois des témoins, dont M. Paul Foucher, qui finissait juste à ce moment précis une phrase qui signifiait que j'aurais bien de la chance, si l'on nous octroyait le *conjungo*[1], vu le décret, exécutoire, de la veille...

La cérémonie, toujours un peu ridicule, du mariage civil, rendue on eût dit plus solennelle par précisément cette inquié-

---

1. « J'unis », en latin. Est devenu synonyme de « mariage ». Le substantif a disparu, mais les dérivés sont restés : « conjugal, conjugalité ».

tude que nous partagions tous plus ou moins, commença par les lectures suivies de signatures sans fin. Après quoi le maire de l'arrondissement qui s'était dérangé en personne, mon beau-père étant quelque chose dans les « légumes » de l'arrondissement, conseiller cantonal, si je ne me trompe, procéda d'une voix bredouillante à l'énonciation des articles du Code appropriés à la circonstance, et, finalement, à la question double, but de tout ce remue-ménage :

« Consentez-vous à prendre pour épouse Mademoiselle Une Telle ? Consentez-vous à prendre pour époux Monsieur X... ? »

Il fut répondu « à haute et intelligible voix » de part et d'autre, je vous en réponds.

Le mariage religieux qui prit place un quart d'heure après en l'église Notre-Dame de Clignancourt, m'importait peu – et dirai-je qu'il importait peu à ma « femme » ? laquelle, en dépit du vernis que les bienséances sociales exigeaient encore en ces ères reculées, n'était guère plus croyante que moi ni que ses parents...

Et Dieu ? Tel est le siècle, ils n'y pensèrent pas.

La seule, mais qui m'est *bonne*, particularité de cette dernière cérémonie consista en la présence à la sacristie de Mlle Louise Michel[1], qui dans ce temps-là vivait de leçons en ville et en avait donné quelques-unes à ma femme. Elle n'osa, me dit-on

1. Institutrice, écrivain, révolutionnaire (1830-1905) et infatigable militante de la liberté des peuples. Sa présence ici témoigne de la fidélité de Verlaine (25 ans plus tard) à ses amis de la Commune de Paris dont Louise Michel allait devenir un membre très actif.

après, en m'apprenant sa présence à la sacristie, car je ne la connaissais pas de traits, m'aborder pour me congratuler comme c'est l'usage, mais remit à ma femme quelques vers où elle nous engageait à rester de bons citoyens s'appliquant à en procréer et à en former d'autres. Grand, naïf, trop bon cœur, mais si grand, celui-là malgré tant de belles erreurs !

Et fouette, cocher, pour le déjeuner dînatoire rue Nicolet, le thé et le piano jusqu'à dix heures... et la nuit nuptiale !

15

La nuit nuptiale ? – Elle fut tout ce que je m'en étais promis, j'ose dire tout ce que nous nous en promettions, elle et moi, car il y eut dans ces divines heures autant de délicatesse de ma part et de pudeur de la sienne que de passion réelle, ardente, des deux côtés. Elle fut, cette nuit, sans pair dans ma vie, et j'en réponds, dans la sienne, dans toute la sienne ! Elle fut suivie de maintes autres nuits qui constituent peut-être le meilleur de mes souvenirs dans cet ordre de sentiments – car j'ai beaucoup aimé dans ma vie, beaucoup trop ? eh bien, non ! décidément non ! Et l'amour, voyez-vous, croyez-m'en plutôt que de m'en blâmer d'avance, c'est sinon le tout, ah ! du moins le presque tout, le mobile quasiment unique de toutes les actions dignes de ce nom, et ne me parlez pas d'autre chose, ambition, lucre[1], gloire ! tout au plus peut-être de l'Art. Et encore, et encore, l'Art, tout seul ?...

Quoi qu'il en soit, une semaine se passa dans la maison de la rue Nicolet, puis une autre et quelques jours dans un appartement que nous occupâmes rue du Cardinal-Lemoine, quinzaine délicieuse, puérile et grave en même temps, qui devait cesser si tôt pour quelles années et pour quel avenir, Dieu vengeur !

Le 4 septembre[2] éclata soudain comme une bombe malgré

---

1. Profit (péjoratif).
2. Journée révolutionnaire, suite à la défaite de l'armée française à Sedan contre l'armée prussienne ; elle entraîne la chute du Second Empire, la proclamation de la IIIe République et l'abandon de la Lorraine à la Prusse. Verlaine, natif de Metz, évoque souvent les répercussions de l'événement historique sur sa vie personnelle (p. 38, l. 85-88).

de déjà sinistres prévisions, mais le malheur surprend toujours. Hélas ! je l'accueillis avec un enthousiasme non coupable, puisque j'avais des convictions sincères et si désintéressées et que je restais patriote, oui, patriote, et je sais tous les raisonnements là contre que je comprends sans les admettre ; mais vraiment, quand j'y réfléchis bien, maintenant que je n'ai plus guère d'opinions autrement que philosophiques, c'était mal de ne pas voir la France dans le désastre de l'Empire, mais la seule République, cette République revenant, elle aussi, somme toute (mais, c'est vrai, ne revenant que pour défendre la patrie), dans ces fourgons de l'étranger, tant reprochés à cette plutôt malheureuse et maladroite que malhonnête Restauration de 1815.

Ma femme, *risum teneatis*[1], seize ans, toute à moi désormais et à son petit plutôt encore qu'à son jeune ménage, partageait, dirais-je ma joie quasiment impie, et c'était à la fois plaisir et pitié, à cause de sa gentillesse, précisément, à la fois, de l'entendre dire de sa voix de caresse puérile : « Maintenant que nous l'avons, tout est sauvé n'est-ce pas, dis ? Ce sera comme en... comment donc ? » Elle voulait dire Quatre-Vingt-Douze[2]. Je lui soufflais la date de cet « épisode qui ne se renouvellerait pas », selon la prophétie de M. de Bismarck... Enfin c'était un assez, tout ça, ridicule et, au fond, triste commencement patrouillotte[3] de ce qu'on devait dénommer, deux ou trois mois

1. « Retenez votre rire », « ne riez pas ! »
2. 1792, proclamation de la Ire République et victoire à Valmy et Jemmapes de l'armée révolutionnaire sur l'armée prussienne. Début de la terreur.
3. Diminutif probable de « patriote » ; sens auquel se superpose sans doute celui de « trouille » (néologisme).

plus tard, « la fièvre obsidionale ». Mais aussi c'était de ma faute et je n'avais qu'à ne pas lui avoir adressé dans la *Bonne Chanson*, qui venait de paraître sans trop de vente, naturellement, en des circonstances pareilles, des vers un peu « pompiers », Quarante-Huit au possible et que j'admirais beaucoup alors :

Nous vivons en des temps infâmes
Où le mariage des âmes
Doit sceller l'union des cœurs.
En ce siècle d'affreux orages
Ce n'est pas trop de deux courages
Pour vivre sous de tels vainqueurs !

Dans une nouvelle intitulée *Pierre Duchatelet* j'ai suffisamment, à travers une affabulation à dessein violente et toute de fantaisie, rendu compte de ces infiniment petits détails de mes débuts dans le mariage en temps de guerre. Il va sans dire que, moi aussi, je coupais dans tous les ponts du moment, et qu'alors qu'une bonne, qu'une grosse partie de mes « collègues » de la préfecture de la Seine s'empressaient de bénéficier des nombreuses exemptions accordées à tous les employés de l'État et de la ville quant à ce qui concernait le recrutement de la Garde Nationale de marche, et même de l'autre (côté des *pantouflards*), je me fis inscrire dans le 160e bataillon, – la Rapée-Bercy qui était de faction entre Issy, Vanves et Montrouge. Tous les deux jours, armé de mon fusil à piston qui devait bientôt se promouvoir en un fusil « à tabatière », je montai des gardes combien inutiles ! Dans les commencements, c'était véritablement charmant, véritablement et je n'exagère en rien. D'abord, on était dans ce délicieux mois de septembre aux matinées aigrelettes et clairettes, si préférées des gens matineux comme je l'ai toujours été : la marche au pas, l'exercice, gymnastiques astringentes[1] et apéritives[2] au possible, etc., etc., quelles piquantes nouveautés ! Il y avait bien à cette médaille... militaire, un revers, qui était, immédiatement parlant (mais ceci rentrant un peu, en quelque sorte, dans notre plan *héroïque* à mon héroïne de femme et à moi), qui était cette séparation d'un jour et d'une nuit, d'ailleurs vite et bien compensée par une mise s'ensuivant des « morceaux doubles », caresses et baisers, – et aussi, aussi, des habitudes de jeu de bouchon, de marchands de vin, de pipes, qu'on arrose et de propos... soldatesques qu'on échange puis qu'on retient, – si bien, si bien, que notre première querelle eut lieu ! Ô la première querelle dans un jeune ménage, quelle affaire ! Date mémorable, souvent. Ce dernier cas fut le nôtre.

Elle vint à propos d'une rentrée, tardive et des plus avinées ou absinthées, des remparts. Ma femme éclata en sanglots dès m'avoir vu, puis en reproches... Ça, aussi, c'était en trop – et je me fâchai à mon tour. Et très haut. Le lendemain, qui était donc un jour de bureau et de repos relatif pour moi, comme je rentrais de meilleure heure que d'ordinaire, mon travail à l'Hôtel de Ville terminé, ma femme n'y était pas.

---

1. Qui provoquent un resserrement – stimulant – des tissus.
2. Qui ouvrent – et stimulent – l'appétit.

« Madame a dit en partant qu'elle reviendrait juste pour dîner : elle est chez ses parents. »

Or, ses parents, par une étrange stratégie en vue d'éviter le bombardement, avaient quitté leur maison de Montmartre pour prendre un appartement boulevard Saint-Germain ! À deux pas d'ailleurs de chez nous. Sans débrider, et un peu furieux, au fond, de quoi et pourquoi, je fis le mauvais geste d'aller là, non sans avoir demandé depuis quand Madame était sortie. Depuis peu. Mais les bonnes, faut-il s'y fier, les jeunes bonnes des jeunes femmes surtout ? Bien entendu, je trouvai ma femme qui m'accueillit même avec un plaisir sans nul doute sincère, mais qui, dans les dispositions d'esprit où je me trouvais, me parut comme ironique, – et le soir, chez nous, après un dîner, brûlé, de cheval et de conserves de champignons, se produisirent la seconde scène et – la première claque.

Dieu vous préserve d'entamer l'une et de donner l'autre !

Je devais, de par la logique même et la loi morale aussi bien que physique de la *vitesse acquise*, amèrement regretter ma double initiative dans ce cas... de conscience.

16

Ç'allait, parbleu ! ne plus finir. Qui a bu boira, et tel, n'est-ce pas, mon Dieu, qui a frappé, périra frappé, selon votre parole. Avec des masses, des tas, des flottes[1] de réconciliations sincères, comment donc ! ce fut toujours à recommencer. Tel un jeu de balles, – de *foot ball* car cela en venait trop souvent jusqu'au trépignement. Et cela dura ainsi balancé, compensé, pour parler plus *équipollemment*[2], jusqu'à la fin du siège de Paris. Je passe sur les héroïsmes de ces mois plutôt maussades et férocement enrhumés jusqu'aux rhumatismes futurs... et présents. Depuis, des bronchites, grâce auxquelles je pus quitter « les armes » et rentrer dans la vie privée, désormais une espèce d'enfer intermittent duquel ne me tira, par d'étranges moyens, comme on va voir, et pour un temps trop court ! que la Commune, elle-même, dans ses suprêmes horreurs.

J'étais resté à Paris après le 18 mars. D'abord, j'y avais mon travail, précisément dans le local, siège de l'insurrection triomphante ; ensuite ma mère, souffrante en ce moment, y habitait toujours la rue Lécluse, puis nous y possédions, ma femme et moi, notre joli appartement sur le quai, avec un balcon qui nous était mitoyen avec celui de Mme Clément, femme du déjà célèbre alors ex-commissaire (impérial) aux délégations judiciaires, pour le moment à l'étranger, enfin et plutôt surtout

---

1. Ensemble des forces navales d'un pays. Emploi métaphorique et hyperbolique.
2. De manière équivalente ou similaire (néologisme forgé à partir de l'adjectif « équipollent »).

parce que le mouvement me plaisait, qu'il me semblait une revanche sur la veulerie des gens du Quatre-Septembre, que je comptais des amis parmi les nouveaux venus, Raoul Rigault, par exemple, mon camarade d'étude, pendant des années, à la pension L..., Jules Andrieu mon collègue de tout naguère, à l'Hôtel de Ville, et d'autres en sous-ordre; et encore cette dernière considération ne primait pas dans mes motifs politiques : non, j'avais, dès l'abord, aimé, compris, croyais-je, en tout cas bien sympathisé avec cette révolution à la fois pacifique et redoutablement conforme au si vrai *Si vis pacem para bellum*[1] ; avec ce manifeste anonyme, à force de noms obscurs et volontairement modestes, sous la simple rubrique de *Comité central*, qui, ainsi que caractérisaient son allure du début des vers de moi, dont le premier seul m'est resté en tête,

Sans déclamation et sans logomachie[2],

avait tout bonnement posé, d'aplomb et net et bien, la question politique intérieure et indiqué d'un trait parfait le futur problème social à résoudre *illico*[3], fût-ce par les armes... Les choses s'étaient gâtées depuis. En face du gouvernement absolu de Versailles et des stratégies à la Cavaignac, mises en œuvre par le Thiers des rues Transnonain et de Poitiers, s'était substituée à la belle évolution populaire, la seule *intelligente* peut-être évolu-

1. « Si tu veux la paix, prépare la guerre ».
2. Flux incontrôlé de mots creux (péjoratif).
3. « Immédiatement ».

tion populaire de toute la Révolution française à travers ce siècle, la reconstitution, historique jusqu'au plagiat, d'une impossible Commune de Paris, bavarde, brouillonne, doctrinaire en outre! N'importe, le mot, alors magique pour mon esprit tout imbu d'hébertisme[1] pittoresque, m'avait séduit comme m'avait convaincu la si claire et bien manifeste expansion du 18 mars.

Si bien que, quand arriva la fin lamentable, je ne fus pas à mon aise du tout. À vrai dire, après avoir gardé mon humble emploi de rédacteur à l'ordonnancement, j'avais accepté la sinécure, à défaut d'aucun ordonnancement possible dans une telle administration succédant à plus de six mois d'une administration presque «aussi pire», la sinécure[2], comme qui dirait l'honorariat de la fonction de «chef du bureau de la presse», dont le titulaire, plus tard fortement condamné par les conseils de guerre, existait, *absolument*, au ci-devant ex-ministère de l'Intérieur. J'étais resté dans ma pièce d'autrefois où il y avait place pour deux, et écrit sur la porte aux vitres dépolies depuis des temps immémoriaux : «LE PUBLIC N'ENTRE PAS ICI.»

Mes occupations consistaient à parcourir les journaux et à en signaler les articles favorables ou hostiles à la Commune. J'étais aidé dans ce travail peu dur par un homme d'une cinquantaine d'années, que j'ai eu depuis des raisons de croire avoir été un mouchard déguisé en communard trop fanatique, qui décou-

1. Courant révolutionnaire dont se réclame Verlaine : les hébertistes, partisans de J. R. Hébert, prennent la direction du mouvement des sans-culottes après le 10 août 1792.
2. Emploi tranquille, peu fatigant.

pait et collait sur de grandes feuilles de papier vergé les paragraphes incriminés, sillonnés préalablement par moi de soulignés au crayon rouge et bleu, et reliés entre eux par de vigoureux commentaires de ma façon. À quatre heures, j'allais porter « l'ouvrage » au cabinet du membre compétent. Qu'advint-il de ces rapports? je n'en sais rien, car l'incendie postérieur de l'Hôtel de Ville fit disparaître totalement toutes pièces administratives d'entre les miennes en compagnie de plusieurs choses en vers et en prose dont je déplore moins la perte que je ne reproche l'assez sot rôle que j'avais joué là pendant ces deux mois d'illusions, par le fait généreuses, que je ne regrette pas, somme toute, d'avoir eues, elles.

Donc, j'étais passablement inquiet de l'avenir tout proche quand, le lendemain d'un soir de la fin de mai où j'avais, quel spectacle d'affreux cabotinage! assisté à une réunion publique dans l'église Saint-Denis du Saint-Sacrement, je fus réveillé par la voix de ma femme qui rêvait très haut. Elle disait : « Les voilà! ô les sales mouches! y en a-t-il, y en a-t-il, mon Dieu, y en a-t-il! Vite, sauvons-nous, Paul!... » Puis elle se réveilla, ne se souvenant pas, comme il arrive presque toujours, de son rêve que je lui racontai, et dont nous finîmes par rire. Puis je sonnai la bonne pour le chocolat habituel du matin. La falote[1] créature, une linotte[2], comme je disais en la comparant avec l'oie qu'était une autre servante de chez mes beaux-parents, avant

1. Ridicule (valeur péjorative confirmée par la comparaison avec « l'oie »).
2. Écervelée, comme l'oiseau du même nom.

même d'avoir déposé les deux tasses et les deux croissants sur chacune de nos tables de nuit (ai-je dit que notre lit était de « milieu », suivant notre ancien projet légèrement amélioré… en ma faveur ?), s'écria en mots entrecoupés : « Ils sont entrés, Madame, ils sont à la Porte Maillot ! »

C'était vrai, comme je pus m'en assurer tout de suite, en percevant des fumées d'obus éclatés avec une force d'à bout-portant sur l'Arc de Triomphe et au-delà en plein Champs-Élysées.

Des fuites de gens dans la rue, le rappel battant de toutes parts, Notre-Dame sonnant une générale précipitée eurent bientôt corroboré cette brusque nouvelle.

– Paul, me permets-tu d'aller à Montmartre (mes beaux-parents, toujours avec un instinct à l'envers du danger à éviter, avaient réintégré leur domicile de la rue Nicolet) ? Je reviendrai aussitôt.

– Vas-y donc ! répondis-je, ajoutant peu gracieusement, d'ailleurs, sans l'avoir embrassée, si ma mémoire est sûre : Rapporte des nouvelles, surtout !

Je restai à la maison, ayant peut-être des intentions sur la bonne qui était mignonne et qui commençait à avoir si peur, qu'elle semblait ne demander, dès qu'elle se vit seule avec moi pas mieux que d'être rassurée…

17

D'ailleurs remettant à plus tard ces projets dont je ne me proposais que de prendre un léger à-compte, et à ce pourvoir dans l'après-midi, après un déjeuner quasiment en commun, je sortis aux renseignements, non sans avoir prévenu celle qui était en ce moment, pour moi, la « belle enfant », un ancillaire[1] caprice, quoi ! de mon prompt retour et l'invitant, après ses petites courses pour le déjeuner, à rester à m'attendre, si elle préférait, chez la concierge. Comme, de toutes parts, on ne me donnait que des nouvelles de plus en plus terribles et que, du quai, on voyait des flammes blanches, sur le bleu du ciel splendide, du palais des Tuileries et de l'Hôtel du Ministère des Finances, à mon tour je fus pris d'une fringale de voir ma mère, bien isolée dans ses Batignolles où nous avions, ma femme et moi, été vivre plusieurs mois chez elle qui avait plus de provisions, œufs et pommes de terre, que nous. J'allai jusqu'au Château-d'Eau, à travers une agitation effarée et mal guerrière, mais menée au son du tambour.

Entendez-vous, c'est le tambour
De la gard'nationale,
De la gard'nationale...

Là, un escogriffe[2] mi-sous-off, mi-souteneur dans le civil,

---

1. Se dit d'une liaison avec une servante (*ancilla*, en latin). « Caprice » typiquement bourgeois dont Verlaine se moque au passage.
2. Homme de grande taille et d'allure décontractée.

muni d'un grand sabre et coiffé d'un képi monstrueusement galonné, chef d'une barricade en érection, me mit un revolver sur la tempe, m'intimant de rebrousser chemin, en dépit de la carte de circulation timbrée de la Commune de Paris que je lui présentais. – « J'emmerde la Commune et vous, et filez vite d'où vous venez, ou... » Devant le *quos ego*[1] de ce Cambronne au rabais, je rétrogradai en effet et essayai à plusieurs reprises de « forcer les lignes ». Partout le même insuccès découronna et finit par décourager mes efforts. Je rentrai rue du Cardinal-Lemoine. La concierge m'aborda par ces mots qui me stupéfièrent en même temps que ma bonne tapie au fond de la loge claquait, on eût dit, des dents en me regardant comme on implorerait un Zeus Sôter[2] :

– Monsieur, il y a deux gardes nationaux sur votre palier qui vous attendent.

– Ils n'ont rien dit ?

– Que votre nom, et s'annonçant comme de vos amis, mais ils ont une mine...

Quatre à quatre je grimpai et me trouvai en face de mon ami Edmond Lepelletier, le publiciste bien connu, et Émile Richard, mort, longtemps après, président du conseil municipal de Paris, – noirs de poussière et de poudre, qui sortaient d'une barricade toute voisine et me demandaient asile.

Naturellement je les introduisis chez moi et nous commençâmes la crémation des bandes de pantalons, la destruction éga-

1. « Ceux que je... » (verrai faire ça, je les punirai) ; formule menaçante.
2. Dieu (« Zeus ») Saint (« Sôter »).

lement par le feu des képis, par le jet dans les latrines des boutons de fer-blanc, et autres précautions contre une perquisition probable. D'armes et de cartouches, plus question ; ils les avaient jetées en chemin.

Défaite complète, me dirent-ils. Dans quelques heures les Versaillais occuperont le quartier...

Nous mangeons de grand appétit, eux surtout, servis par la bonne remontée sur mes pas, que nous plaisantâmes sur ses craintes et qui parut plus tranquille désormais. Moi, cette soudaine visite d'amis chers, mais *présents*, me contrariait un peu, étant données les vues dont j'ai parlé plus haut, mais l'hospitalité, dans des circonstances pareilles, primait tout, n'est-ce pas ?

Vers dix, onze heures, nous perçûmes distinctement la fusillade qui s'approchait. Un bruit sec et roulant de moulin ! le tic-tac, vraiment... Et du balcon nous assistâmes au déploiement en bon ordre du bataillon des vengeurs de Flourens (Florence, prononçaient les gens de la rue, de même qu'ils disaient Félixe Pyat[1] et Paschale Grousset[2]), gamins dans les quinze, seize ans, vêtus en chasseurs à pied de la garde impériale, costume noir et vert, culottes de zouaves, large ceinture blanche, et l'air crâne, trop crâne, mais qui se firent tuer jus-

1. Journaliste et avocat (1810-1889). Membre du Comité de salut public de la Commune de Paris. Condamné à mort par contumace, il s'exila et fut élu député des Bouches-du-Rhône (1888) après l'amnistie.
2. Journaliste et membre de la 2e commission exécutive de la Commune de Paris. Condamné à la déportation en Nouvelle-Calédonie (comme Louise Michel), il s'évada (1874). Député de Paris de 1898 à 1909.

qu'aux derniers, le lendemain, à la barricade du pont d'Austerlitz par des marins par trop furieux, vraiment…

En même temps sortait du campanile de l'Hôtel de Ville une mince fumée noire; et au bout de deux, trois minutes, au plus, toutes les fenêtres du monument pétèrent, laissant échapper d'énormes flammes et le toit s'écroulait parmi une immensément haute et large aigrette d'étincelles. Ce feu dura jusqu'au soir, tombant dès lors sous la forme d'un brasier colossal qui devint, pour les journées s'ensuivant, un gigantesque fumeron. Et le spectacle, horriblement beau, fut repris à la nuit par la canonnade des buttes Montmartre, qui forma de neuf heures à trois heures du matin un feu d'artifice comme on n'en voit pas. Dans la journée, nous avions eu l'explosion de la poudrière du Luxembourg, terriblement forte, et l'invasion, pleine de promesses, dans l'escalier de la maison, d'une foule de gens avec leurs hardes, échappés des entours du Panthéon sur la menace et, dans leurs esprits, la certitude de l'imminente destruction, par la mine, de l'œuvre de Soufflot. Ma femme n'était pas revenue, ce qui ne m'étonnait pas par ces circonstances, et j'étais bien anxieux de ce que devenait ma mère dans un quartier paisible d'ordinaire, mais dès le principe, fortement travaillé dans le sens insurrectionnel… Vers quatre heures du matin, mes hôtes couchés sur des matelas dans la salle à manger, moi dans la chambre nuptiale cette fois déserte, comme l'aube se levait radieuse dans le ciel tout retentissant du bruit infâme de la bataille, – un grand coup de sonnette nous fit tressaillir. Je courus à moitié nu à la porte; ma mère, haletante, avait passé la nuit entière à franchir des barricades assiégées ; tout à l'heure, là tout près n'avait-elle pas assisté, rue de Poissy, à un massacre d'« insurgés », hommes, femmes, enfants…

– Oh ! disait-elle en frémissant encore, je suis femme de militaire, mais, aujourd'hui, j'ai l'uniforme et les armes en horreur.

Combien de baisers, n'est-ce pas, et quelle effusion !

– Et ta femme ?

À ce moment un second coup de sonnette se fit entendre. C'était ma femme. Enfin ! Cette fois je l'embrassai bien fort et nous pleurâmes de joie tous trois. On s'occupa de faire évader nos amis compromis, ce qui eut lieu, grâce à ma garde-robe dégarnie et celle un peu aussi de l'excellent propriétaire d'alors, M. Brazies père, qui se prêta en véritable homme de cœur, à cette heure de salut. Les fugitifs purent regagner leurs domiciles sains et saufs, moyennant toutefois une petite aventure arrivée à Lepelletier qui, s'étant engagé pour la durée de la guerre, avait vaillamment fait toute la campagne de Paris, depuis la retraite de Mézières, et qui, à sa porte, rencontra des soldats de son régiment conduits par un sergent qu'il connaissait pour avoir bu avec lui à la cantine, et avec lui il but, cette fois, à la cause de… l'Ordre, N. de D. !

Eux partis, ma femme nous confia qu'elle était enceinte de deux mois passés : ce qui, pour quelque temps, me ramena vers elle, selon, d'ailleurs les conseils de ma mère qui se doutait que tout n'allait pas pour le mieux dans mon ménage.

Et tout alla cahin-caha dans ce ménage… jusqu'à l'arrivée à Paris, vers octobre 1871, d'Arthur Rimbaud, pour qui ma femme conçut tout de suite une jalousie absolument injuste, alors ! dans le sens vilainement désobligeant qu'elle l'entendait... Il ne s'agissait, en principe, non pas même d'une affection, d'une sympathie quelconque entre deux natures si différentes que celle du poète des *Assis* et la mienne, mais bien d'une admiration, d'un étonnement extrêmes en face de ce gamin de seize ans qui avait dès lors écrit des choses, a dit excellemment Fénéon[1], « peut-être au-dessus de la littérature »...

Ici finissent, pour un temps peut-être, mes « Confessions ». L'ensemble de mon œuvre en prose et en vers témoigne assez, d'aucuns disent ou trouvent que c'est trop, de beaucoup de défauts, de vices même, et d'encore plus de malchance, plus ou moins dignement supportée.

Mais tout de même et sans trop de vanité ou d'orgueil miens, le mot de Rousseau peut servir de morale moyenne à ma vie :

« On est fier quand on se compare. »

Ou plutôt pour conclure comme le chrétien que j'ai essayé d'être et qui n'est peut-être pas tout à fait submergé, ne dois-je pas répéter, parlant de tout mon passé, avec cet autre confesseur de soi-même, l'adorable évêque d'Hippone[2] :

« Domine, noverim te[3] *! »*

---

1. Félix Fénéon (1861-1944). Écrivain français (*Nouvelles en trois lignes*, 1906) ; fondateur de *La Revue indépendante* (1884). Son activité de critique littéraire contribua à diffuser des œuvres comme les *Illuminations* de Rimbaud.
2. Saint Augustin (354-430), auteur d'un texte autobiographique dont se réclame Verlaine.
3. « Te connaître, Seigneur ! » ou bien « Ô Seigneur, que ne t'ai-je connu ! ». Déformation probable du *Cognoscam te* de saint Augustin (*Les Confessions*, chapitre 10).

Après-texte

POUR COMPRENDRE

GROUPEMENT DE TEXTES

INFORMATION/DOCUMENTATION

LECTURE CURSIVE ET PÉRIPHÉRIQUE DES *CONFESSIONS*

Lire

1 Avant d'entamer votre lecture du texte, lisez soigneusement les couvertures : qu'y apprenez-vous ?

2 Vérifiez les sens de « confessions » dans un dictionnaire ; comparez avec les mots « mémoires » et « souvenirs ». Qu'attendez-vous de l'ouvrage portant tel titre plutôt que tel autre ?

3 Lisez la présentation (pp. 5-12) et préparez un tableau (3 colonnes) que vous remplirez au fur et à mesure de votre première lecture. Dans la première, vous indiquerez les faits marquants de la vie de Verlaine, tels qu'ils apparaissent dans *Confessions* ; dans la deuxième, notez les faits historiques ; dans la troisième, les évènements artistiques marquants.

4 Faites un premier bilan à l'issue de votre première lecture cursive (rapide) : quelle période historique couvre chronologiquement le texte ? Quel est l'écart entre la date de publication et la date de fin des souvenirs ?

5 Relisez lentement les premières lignes (p. 17, l. 1-4). Analysez le premier mot. Quelles formes prend la première personne dans ces lignes ? À quels temps sont tous les verbes des 2e et 3e phrases ? Quel est l'effet produit ? Notez la ponctuation, que souligne-t-elle ? Quelle différence faites-vous entre *Notes sur ma vie* et *Confessions* ? Comment votre première lecture permet-elle de justifier chacun des deux titres ?

Écrire

Écrit d'invention

6 « On » vous a demandé des « notes sur votre vie ». En « choisissant, élaguant, éludant », vous rédigez le premier fragment ou chapitre de ces notes (une page et demi). Vous pouvez vous inspirer, pour la forme, des lignes 5-28 (pp. 17-18).

Chercher

7 Aidez-vous d'une encyclopédie pour trouver une biographie très détaillée de Verlaine. Comparez-la à celle que vous avez établie à l'issue de votre lecture (question 3) ; trouvez des exemples de faits que Verlaine a choisi d'éluder. À l'inverse, soulignez dans votre tableau des épisodes retenus par Verlaine et ne figurant pas dans les biographies.

8 Cherchez au CDI la première page des *Essais* de Montaigne, des *Confessions* de Rousseau, de *Sido* de Colette, des *Mots* de Sartre et des *Souvenirs pieux* de Yourcenar (ou de tout autre texte autobiographique déclaré). Confrontez-les aux quatre premières lignes de Verlaine.

Oral

9 Faites la lecture à haute voix des morceaux choisis à la question 8, et débattez quelques minutes sur l'intérêt de ces ouvertures. Laquelle met le plus l'accent sur l'auteur ? sur le lecteur ? sur le contenu ? Laquelle suscite le mieux la curiosité ? Quel auteur vous semble le plus proche de vous ?

À SAVOIR

LECTURE PLURIELLE

Lecture silencieuse et à haute voix, linéaire et périphérique, cursive et méthodique, plusieurs types de lecture ont été proposés dans cette première étape de l'« Après-texte ». De la lecture cursive (question 3) à la lecture méthodique (question 5), il y a l'écart qui sépare le déchiffrage de l'interprétation. À l'origine du mot « lire » (*legere* en latin), on trouve l'idée de cueillette. Lire serait donc d'abord « rassembler », « collecter », ce qui suppose qu'on prenne d'abord connaissance de l'ensemble « Lire » (questions 1 à 5). Les premières informations recueillies permettent un premier degré de compréhension (questions 1 à 2). La mise en relation du texte lu avec son contexte permet d'approfondir (question 3) avant de procéder à la lecture méthodologique par l'observation des procédés linguistiques ou stylistiques (question 5) qui permettent l'identification d'un certain nombre de significations profondes, variables selon la culture et la sensibilité du lecteur. Autant de lectures d'une œuvre qu'il y a de lecteurs (question 9). Surtout lorsque l'auteur propose à son lecteur un contrat de lecture d'un type particulier : un pacte qui supprime les distances habituelles aux récits d'imagination ; plus d'écart entre auteur et narrateur, entre narrateur et personnage. Le récit n'en est pas simplifié pour autant, puisque toujours rétrospectif. Il appartient au lecteur attentif d'identifier le « moi » qui s'adresse à « lui » à travers le double jeu subtil du moi/sujet et du moi/objet (questions 5 à 8) – « double/je », donc s'adressant à son double/« toi », lecteur, « semblable » et « frère ».

PORTRAIT DE L'ARTISTE EN « PARFAIT PETIT BOURGEOIS »

Lire

Chapitre 1 (pp. 17-22)

1 Dans quel ordre apparaissent les membres de la famille ? Quel trait de caractère les caractérise ? Quels sentiments semblent lier l'auteur à chacun(e) ?

2 L. 40-46 : Observez la progression du rêve. Quel mot résume ce que le rêveur ressent ?

3 L. 107-118 : Notez la progression de la rêverie de l'enfant. Relevez les marques de la vivacité du souvenir. Quel lien pouvez-vous établir avec le rêve de la page 18 (question 2). Quels traits linguistiques montrent la présence de l'auteur se souvenant ?

4 L. 54-62 et l. 75-94 : Notez dans chaque extrait les marques du jugement de l'écrivain sur son portrait. Par quels procédés l'auteur introduit-il ces portraits dans son récit ?

Chapitre 2 (pp. 23-28)

5 P. 22 (l. 123-137) et p. 23 (l. 1-15) : Qu'a de particulier la « faune » de Montpellier ? Rapprochez ces deux anecdotes de celle de la bouilloire. En quoi ces trois courts récits complètent-ils le portrait de l'enfant ?

6 L. 130-138 : De quel aspect du voyage Montpellier-Metz se souvient Verlaine ? Rapprochez ce voyage d'un précédent évoqué lignes 46-52. Quel est le point commun entre les deux souvenirs ?

Chapitre 3 (pp. 29-34)

7 L. 12-37 : Quel champ lexical sature le passage ? Quelles images de rhétorique le structurent ? Quelles techniques picturales sont successivement évoquées à travers les « essais » de l'apprenti-peintre ?

Écrire

Commentaire

8 Pp. 32-34 (l. 92-138) : Résumez en une phrase l'épisode qui clôt le portrait du « parfait petit bourgeois ». Proposez un découpage du récit en trois unités distinctes. Faites un relevé du lexique sensoriel et du lexique affectif (commentez-le). Distinguez l'humour de la nostalgie dans les commentaires de l'écrivain sur l'enfant qu'il fut.

Chercher

9 Confrontez les photographies de Verlaine avec ce qu'il dit de son physique des pages 19 et 173 (l. 65-68).

10 Documentez-vous sur les autoportraits de peintres tels que Rembrandt ou Van Gogh à partir de diapos ou CDroms de musées, de vidéos ou de sites (p. 229).

Oral

11 Faites des exposés d'une quinzaine de minutes commentant la projection d'autoportraits de peintres (question 10) dans le but de saisir la spécificité de l'autoportrait en peinture.

À SAVOIR

L'AUTOPORTRAIT

Passage obligé de l'autobiographie, l'autoportrait présente des formes variées en étroite relation avec les intentions auto-justificatrices de leur auteur. Les autoportraits de Montaigne (« Mes conditions corporelles sont en somme très bien accordantes à celle de l'âme », *Essais*, II, 17, « De la présomption », vers 1580) et de Rousseau (« Deux choses presque inaliables s'unissent en moi [...] un tempérament très ardent [...] et des idées lentes à naître », *Confessions*, L. III, vers 1770) sont justement célèbres. L'un et l'autre présentent la caractéristique d'associer sensibilité et intellect, tempérament et caractère, Montaigne pour en remarquer l'harmonie, Rousseau pour en souligner la discordance. Verlaine, dont on peut dire que « deux traits » s'allient en lui (« candeur » et « amativité ») tente lui aussi d'expliquer et peut-être implicitement d'excuser ses « péchés » à venir. La « candeur » de l'enfant comme du quinquagénaire contredit l'accusation de perversité et de débauche, tout en expliquant le dénuement à venir par sa propension à se laisser abuser par son entourage jusqu'à la fin de sa vie. Quant à l'amativité, mot forgé par Verlaine, elle est donnée (p. 31) comme élément structurel d'un tempérament doublement « sensible » : sentimental et sensuel. L'amativité, dont ne sont pas absents « les sens, déjà ? », à l'œuvre dans cette première idylle avec une première Mathilde est annonciatrice des « pures amours » à venir. Tout autoportrait littéraire comporte une part de « pose » ! Saint Augustin semble n'avouer sa paresse (« Je n'aimais pas l'étude et j'avais horreur d'être contraint... », *Les Confessions*, chapitre XII) que pour mieux vanter son goût... pour le latin. Et l'on n'est pas obligé de croire à la modestie d'un Sartre « fait de tous les hommes et qui les vaut tous et que vaut n'importe qui » (*Les Mots*, dernière phrase). Ainsi, l'autoportrait de Verlaine en enfant sage ne peut que souligner celui de l'adolescent, sitôt retiré le costume de « premier communiant » !

COUP DE FIÈVRE : « 2 DÉCEMBRE ET LA MALADIE »

Lire

Chapitre 4 (pp. 35-40)

1 L. 7-38 : Dans quelles circonstances l'enfant découvre-t-il Paris ? Recensez le champ lexical du regard. Quelles autres perceptions sensorielles sont évoquées ?

2 L. 39-66 : Constatez le caractère antithétique de la vision du lendemain. Notez (l. 47) le rapprochement d'un lieu et d'une date : pourquoi cette insistance ?

3 L. 82-90 : Quelle est la maison citée ligne 86 ? À quelle date correspond « aujourd'hui » (l. 87) ? Quels événements historiques permettent de comprendre les raisons de la traduction allemande ?

4 L. 96-109 : Quel adjectif peut qualifier cette évocation d'un temps révolu, dans un lieu déserté ?

Chapitre 5 (pp. 41-46)

5 L. 1-13 : Notez l'abondance du lexique de l'écriture. Quelle phrase

À SAVOIR

L'INDIVIDU ET L'HISTOIRE

Rien de plus différent a priori de l'entreprise autobiographique (Étape 2) que la peinture d'ensemble d'une classe, d'une société, ou d'une époque. Aucun narrateur « de lui-même » n'échappe pourtant à la confrontation de son Moi, singulier, unique, avec le monde qui l'entoure, familier ou hostile. Même les plus solitaires, ou les plus obstinés, dans la quête d'une vérité intime, trouvent dans le tableau historique matière à révélations éclairantes. Tous les bouleversements de son époque résonnent dans les *Essais* de Montaigne par l'horreur que lui inspirent guerres civiles (III, 2) et guerres de conquête (III, 6). Chateaubriand lui-même est le témoin passif, mais chroniqueur passionné de la prise de la Bastille le 14 juillet 1789 (*Mémoires d'outre-tombe* ; I, 5). Quant à Rousseau, qui revendique sa citoyenneté genevoise, il présente un tableau complet de la société littéraire de son temps (*Les Confessions*, LX) pour mieux s'en distinguer. La voie de Verlaine est sensiblement différente. On a vu (Étape 1) que les faits historiques capitaux du XIXe siècle ponctuent le récit de sa vie de repères marquants pour l'évolution de sa pensée et de sa conscience. Entre le souvenir du coup d'État de Louis Napoléon et celui de la Commune de Paris, il y a les 20 ans qui séparent les choses vues (1851) par un enfant de 7 ans, des choses vécues par le garde national (1871) (pp. 189-191).

résume à votre avis le programme de « l'écrivain un peu digne de ce nom » dans un travail comme celui-ci.

6 L. 14-46 : Le récit des événements politiques est-il « objectif » ou « subjectif » ? Remarquez l'évolution des pronoms personnels, l'introduction du discours rapporté (direct et indirect libre) ainsi que le vocabulaire spécialisé. Quelle phrase résume l'événement ? Qui la prononce ?

7 L. 71-140 : Notez les différences de récit entre les deux journées. Où se trouve le narrateur ? Avec qui est-il ? De quoi est-il « témoin », précisément ? Notez l'abondance des phrases négatives et des constructions comparatives. Quel est l'effet produit ?

Chapitre 6 (pp. 47-52)

8 L. 8-43 : Distinguez les symptômes individuels du mal des considérations générales sur la maladie. Rapprochez le « commencement de fièvre » (l. 9) de la rêverie qui précède l'incident de la bouilloire (p. 21, l. 107-118).

9 L. 44-74 : Caractérisez le vocabulaire utilisé par Verlaine pour qualifier sa convalescence. Définissez le « sentiment » (l. 57) éprouvé pour sa mère. Observez la construction de la phrase (l. 60-70) ; justifiez-la par les révélations successives qu'elle contient sur la relation entre Verlaine et sa mère.

10 L. 91-129 : Recensez dans la description de la pension les éléments attractifs (l. 91-105). Comparez avec la description de l'intérieur (l. 118-128). Que laisse présager « Hélas ! » (l. 129) ?

Écrire

Écrit fonctionnel

11 Résumez la vie de Verlaine telle que vous venez de la découvrir jusqu'à l'âge de 7 ans (inclus). Vous adopterez le ton neutre du chroniqueur.

Chercher

12 Trouvez dans *Les Confessions* de Rousseau (livre IV, années 1730-1731) le récit de son arrivée à Paris (« Combien l'abord de Paris démentit l'idée que j'en avais ! »). Comparez avec le récit de Verlaine.

13 Cherchez dans *Les Châtiments* (1853) de Victor Hugo, le récit, en vers, du 4 décembre 1851.

Oral

14 Faites une lecture expressive et alternée de la première vision de Paris chez Rousseau, puis chez Verlaine. Faites de même avec le long poème de Hugo. Discutez les points de vue.

CONFESSIONS D'UN « MOUTARD DE NEUF À SEIZE » ; SEVRAGE DIFFICILE ET « GARÇONNERIES »

Lire

Chapitre 7 (pp. 53-58)

1 L. 1-17 : Notez les ruptures de construction. Qu'exprime cette syntaxe particulière ?

2 L. 18-35 : Sur quoi repose « l'horreur des camarades » ? Relevez le vocabulaire dépréciatif.

3 L. 62-123 : Repérez la progression de l'effroi du néophyte en salle d'étude, puis au réfectoire.

4 L. 124-127 : Comparez la structure syntaxique de la dernière phrase du chapitre avec la première (l. 1-7). Pourquoi ces différences ?

Chapitre 8 (pp. 59-63)

5 L. 1-35 : Retrouvez, dans les premiers paragraphes, les traits syntaxiques du chapitre précédent. À quel champ lexical appartiennent presque tous les adjectifs qualificatifs ?

6 L. 36-70 : Quel titre peut-on donner à cette scène ? Au théâtre (ou au cinéma) s'agirait-il d'une scène comique ? dramatique ? mélodramatique ?

7 L. 112-122 : Notez la précision géographique et l'imprécision chronologique. Quelle est la fonction de ces quelques lignes ?

Chapitre 9 (pp. 64-68)

8 L. 1-25 : Quels mots sont mis en valeur par la structure du paragraphe ? Relevez le vocabulaire enfantin montrant le regard de l'enfant, et le vocabulaire argotique ou savant révélant l'écrivain adulte.

9 L. 26-72 : Quel sens le mot confession a-t-il ici ? Trouvez un terme qui résume l'éducation religieuse de Verlaine.

10 L. 73-110 : À qui s'adresse « quittons » (l. 73) ? Que représentent les pronoms « on » et « *nous* » (l. 83-84) ? Notez le changement de temps qui accompagne le changement de pronom. Que signifie-t-il ? Quel mot décrit l'élève Verlaine ?

Chapitre 10 (pp. 69-74)

11 L. 1-113 : Repérez, dans ces pages, matière à illustration de la conclusion concernant « la bêtise et l'ennui de l'instruction ». Notez la chute du chapitre. Rapprochez-la des chutes des chapitres 4, 6, 7 de la 1re partie, puis des chapitres 2, 3, 5, 9, 13 de la 2e partie.

Écrire

Écrits d'invention

12 Reformulez les lignes 57-67 (p. 77) en adoptant le point de vue – neutre – du biographe (une vingtaine de lignes maximum).

13 Transposez le discours rapporté du cousin Victor (pp. 61-62) en exhortation, au style direct, s'adressant au petit écolier Verlaine (une trentaine de lignes) pour le convaincre de retourner en pension.

Écrit d'argumentation

14 Rédigez une critique argumentée du système éducatif (cadre, méthodes, contenu) que décrit Verlaine dans les chapitres 7 à 11.

Chercher

15 Renseignez-vous dans vos livres d'histoire sur le système éducatif au Second Empire. Vous pouvez aussi en chercher des traces dans les romans de Jules Vallès (*L'Enfant*, chapitre 20, par exemple).

À SAVOIR

SYNTAXE ET AFFECTIVITÉ

La place qu'occupe le discours dans le récit autobiographique fait de ce genre littéraire le plus hétérogène qui soit : anecdotes et descriptions s'y succèdent, alternant avec témoignages et commentaires. Mais le « sujet » du récit est unique et imprime « sa » marque à la langue de manière visible : adresses aux lecteurs (« n'allez pas croire » ; « vous voyez bien » ; « lisez plutôt »), variation de registre (« loustics », « bahuts » et « rhétoriciens ») et syntaxe affective, proche chez Verlaine de celle de la langue parlée, dont elle épouse le rythme... et la logique ! Les chapitres relatant les premiers apprentissages et la difficulté du sevrage affectif en sont un bon exemple : les longues phrases segmentées, parfois nominales, entrecoupées d'incidentes (questions 1, 5 et 8) sont parfaitement appropriées à l'expression d'émotions incontrôlées ou inattendues. L'abondance de la ponctuation donne tout son sens aux points de suspension qui soulignent les hésitations de la mémoire ou de la conscience avant l'aveu (p. 77, l. 64). Exclamations, interrogations, parenthèses marquent littéralement élans du cœur et « repentirs ». Les constructions emphatiques (« c'est vrai que » ; « c'est à ce point que ») abondent ainsi que les répétitions, comme dans la langue parlée et pour les mêmes raisons : retenir l'attention du lecteur, tout en mettant l'accent sur le sujet/parlant, par la double représentation de sa personne (« je/moi » ; « moi/un moutard » ; « moi/sujet principal/je »). C'est à juste titre que Claude Roy intitule son premier essai autobiographique (1969) *Moi Je* – titre syntaxiquement adapté à toute autobiographie.

« ÉVEIL PUÉRIL DE L'HOMME DE LETTRES » : SENSUALITÉ « RIDICULE » ET ESSAIS « DÉTESTABLES »

Lire

Chapitre 12 (pp. 78-83)

1 L. 1-31 : Quelle position semble adopter l'auteur face à ses lecteurs ? Recensez les figures d'atténuation et le vocabulaire dépréciatif.

2 L. 32-50 : Notez les circonstances de la découverte du livre de Baudelaire, puis de celui de Banville. Faites la relation entre ces premières lectures, et les manifestations pubertaires (l. 6-11 et l. 16-31).

3 L. 51-99 : Qu'est-ce qui différencie le 2e « maître » du « premier » ? Comment interprétez-vous la parenthèse oxymorique de la ligne 94 ?

4 L. 100-129 : Partagez-vous la sévérité de Verlaine pour ses premiers essais littéraires ? Décelez-vous des traces d'indulgence dans son autocritique ?

Chapitre 13 (pp. 84-89)

5 L. 1-29 : Notez la progression dans le contenu « confessé » en comparant ces lignes au début du chapitre précédent (p. 78, l. 1-31). Quel mot résume la fonction – psychologique et littéraire – de « l'aveu ».

6 L. 30-109 : Quel poète est parodié dans le sonnet « Don Quichotte » (l. 65-73 et l. 80-85). Quelles entorses à la prosodie classique constatez-vous dans les vers ?

7 L. 110-125 : Relevez le vocabulaire valorisant de cette fin de chapitre : qui caractérise-t-elle ?

Chapitre 14 (pp. 90-93)

8 L. 1-69 : Qu'est-ce qui distingue l'éloge de Glatigny et Mendès de celui de Baudelaire et Hugo ? Quelle différence faites-vous entre l'amour et l'admiration ?

Écrire

Écrit d'invention

9 Rédigez un pastiche (versifié) d'un poème court de Hugo, Musset, Vigny ou Lamartine à la manière de Verlaine dans son « Don Quichotte ». Ou bien, exercez-vous à la composition de strophes « extravagantes » à la manière de Banville (pp. 80-82) ou de Verlaine (p. 83 ou pp. 90-91).

Chercher

10 Dans les manuels d'histoire littéraire du XIXe siècle, sélectionnez un échantillonnage de poèmes écrits au début du siècle et entre les années 1830 et 1850.

11 Dans *Les Fleurs du Mal*, choisissez des poèmes en fonction de leur titre « choquant ».

Oral

12 Faites des lectures rythmées de poèmes choisis dans l'échantillonnage des questions 10 et 11, à seule fin d'en comparer la musicalité.

À SAVOIR

GÉNÉALOGIE DE L'ART POÉTIQUE : LE PARNASSE CONTEMPORAIN

L'une des lectures possibles des *Confessions* de Verlaine est d'y voir une autocritique de son œuvre poétique, qu'il a lui-même commentée à plusieurs reprises, comme s'il s'agissait de l'œuvre d'un autre, dans *Les Poètes maudits* (1884-1888) et *Les Hommes d'aujourd'hui* (1885-1893). Il y commente, à la 3e personne, l'œuvre et la vie d'un « Pauvre Lelian », puis d'un « Paul Verlaine », dont la biographie recoupe la sienne. Quant à la liste des « maudits » et des « modernes » qui l'entourent, elle constitue l'essentiel de la « constellation symbolique » dans laquelle Verlaine côtoie Mallarmé. Ses *Confessions* permettent d'assister à la genèse de ce mouvement, issu du *Parnasse contemporain* (note p. 142) présent, en filigrane, tout au long de l'œuvre, d'abord par l'écriture « artiste » de Verlaine : mots rares, citations latines, néologismes (voir les notes en bas de page), syntaxe « tortillée » (Étape 4) et une importance minutieuse apportée aux détails et aux « nuances » (Étape 7). Quant à la poésie, abondamment citée dans les chapitres 12, 13 et 14, extraite des premières lectures ou des premiers essais d'écriture, elle est directement inspirée des théories développées dans l'*Art* (1857) par Théophile Gautier : « Il n'y a de vraiment beau que ce qui ne peut servir à rien ; tout ce qui est utile est laid. » La poésie ne saurait donc « servir » à déverser ses souffrances (Lamartine ou Musset) ni même à transmettre un « message » philosophique (Vigny) mais seulement à créer des « formes », selon les règles de l'art (contraintes esthétiques) mais sans se soucier des règles de la bienséance (contraintes morales) comme dans ces poèmes sur « le pâté » ou « le cabinet d'aisance ». Le théoricien Gautier est curieusement absent des références de Verlaine qui lui préfère Baudelaire et Banville, ses maîtres absolus, ainsi que ses « égaux » : Albert de Glatigny et Catulle Mendès. Tous les autres parnassiens, éparpillés au fil du texte, sont rassemblés autour de Leconte de Lisle dans une évocation de la vie du Parnasse contemporain (pp. 142-143).

« INITIATION AUX CHOSES DE L'EXISTENCE » : LA FEMME, LA MORT, L'ABSINTHE

Lire

Chapitre 15 (pp. 94-97)

1 L. 1-21 : Reconstituez la chronologie des faits. Quelle figure de style rythme le passage (l. 6-11) ?

2 L. 22-51 : Relevez les faits syntaxiques qui contredisent une expérience de « mauvais sujet » ? Justifiez le passé simple de la ligne 28 (« ce fut »).

3 L. 52-75 : Quelle est la fonction des nombreuses adresses au lecteur ?

Chapitre 1 (pp. 101-104)

4 L. 1-85 : Relevez les formules d'insistance et d'emphase du discours élogieux. Rapprochez ce chapitre du chapitre 14 (pp. 90-93). Quel autre parallélisme peut-on remarquer ?

Chapitre 2 (pp. 105-113)

5 L. 1-28 : Reconstituez l'historique de la « fureur de boire » de Verlaine. Quel mot désigne ce travers au début (l. 3-5) et à la fin (l. 26) ?

6 L. 39-67 : Dans quelles circonstances Verlaine rencontre-t-il sa future femme ? Quelle genèse le poète donne-t-il à *La Bonne Chanson* (1870) ?

7 L. 75-116 : Notez les marques d'émotion (vocabulaire, ponctuation) associée au souvenir. Qu'a de touchant l'« exemple entre mille » de la bonté du père ?

Chapitre 3 (pp. 114-116)

8 L. 1-68 : Dégagez le comique de ce chapitre sur l'absinthe.

Écrire

Commentaire

9 L. 117-153 (pp. 109-111) : Proposez un découpage du récit de la mort d'Élisa. Résumez d'une phrase le contenu de chaque partie. Recensez les marques de subjectivité du récit (pp. 111-113, l. 154-172 et l. 186-198). Commentez l'un de ces deux extraits, au choix.

Chercher

10 Trouvez des reproductions de tableaux de Manet, Degas, Toulouse-Lautrec, montrant des scènes de bordels ou de cafés. Confrontez avec la scène de « l'orgie à la tour » (pp. 94-96).

11 Dans les œuvres de Zola (*Nana*, par exemple) et de Maupassant (*Boule-de-Suif* ; *La Maison Tellier*), retrouvez des portraits de « beautés » vénales et des descriptions de « maisons ».

Oral

12 Commentez l'une des toiles choisies du point de vue du décor, des personnages, de la composition, mais surtout de la technique de représentation (traits, volumes et couleurs).

13 Même exercice avec un autre peintre : *Un enterrement à Ornans* (1850) de Gustave Courbet qu'on pourra rapprocher de l'enterrement d'Élisa à Arras.

À SAVOIR

RHÉTORIQUE DE L'AVEU : POSTURE, PALINODIE ET PRÉTERITION

Le surtitre de *Confessions* donné aux « Notes » autobiographiques oriente le lecteur vers des connotations morales liées au sacrement catholique de la pénitence. Dans un sens plus large, « confesser » revient à « avouer », sinon des « péchés », du moins des « fautes » ou des « erreurs », dans le but d'obtenir l'absolution. La posture du pénitent est récurrente dans *Confessions* : les très nombreuses adresses au lecteur (Étape 5) ne sont pas seulement destinées à retenir son attention, mais à réclamer son indulgence. Ces adresses sont d'ailleurs d'autant plus fréquentes que l'aveu coûte et que la honte est lourde (question 1) mais le soulagement suit les révélations (« ouf ! », p. 85 ; « là ! », p. 105). Le sacrement est d'ordinaire suivi de contrition (repentir) sincère et de pénitence (punition) destinée à l'expiation des péchés. Rien de tel chez Verlaine qui n'exagère la gravité de ses « péchés » – dont il retarde constamment l'aveu – que pour mieux les escamoter dans un jeu de masques qui confine à la palinodie. Sitôt dévoilé, « ce secret plein d'horreur » (ses pratiques homosexuelles) devient un « enfantillage » sans « rien d'absolument vilain » (p. 84). Sitôt entré dans « la *Via Dolorosa* » des plus intimes aveux, celui de l'ivrognerie, il relativise l'importance de ce « péché mignon » comparé à un « tas de choses pour le moins aussi importantes » : ses œuvres poétiques ! (p. 105) dont il s'accuse parfois comme d'« élucubrations parallèles à… de mauvaises habitudes » (p. 82). La même figure de prétérition lui sert d'ailleurs à attirer l'attention sur ses deux « vices », en déclarant n'en rien avoir à dire. « …De mes essais littéraires, je ne dirai rien, sinon qu'ils furent détestables. » (p. 82) est immédiatement suivi de morceaux choisis. « De la nuit qui s'ensuivit, qu'en dire sinon rien, absolument ? » (p. 96) est quand même suivi d'un commentaire sur la « chose » et ses suites bien « plus agréables ou relevées ». Il semble donc que Verlaine n'ait nul besoin de l'absolution du lecteur, et que l'aveu, chez lui, ait une finalité moins psychologique qu'esthétique : une manière d'intégrer la procession des « pénitents », image fixée dans sa mémoire depuis sa « toute petite enfance » (p. 20), image de « fantômes » dont on ne voit jamais le visage.

Lire

Chapitre 4 (pp. 117-119)

1 L. 1-8 : Notez la reprise anaphorique en début de chapitre. Comparez avec la précédente évocation (p. 106, l. 39-49).

2 L. 9-25 : Distinguez le lexique descriptif du lexique.

3 L. 26-73 : Quelle est la valeur grammaticale et stylistique du conditionnel utilisé dans ce passage ? Quels éléments du corps sont soulignés ? Quel trajet suit le regard ?

Chapitre 5 (pp. 120-122)

4 L. 1-74 : Qu'apporte le récit de la « première entrevue » à « l'esquisse estompée » du chapitre précédent (p. 106, l. 44-46) ? Quel conflit intérieur éclairent les ratiocinations du poète ?

Chapitre 6 (pp. 123-126)

5 L. 1-44 : Quelle explication Verlaine donne-t-il au « désordre » de sa vie et à « l'indigestion morale » qui en résulte (p. 119, l. 62-68 et p. 126, l. 78-86) ? Que symbolise la pause champêtre à ce moment du récit ?

6 L. 45-77 : Notez les circonstances de la promenade. Comment progresse-t-elle ? Qu'est-ce qui caractérise le paysage ?

Chapitre 7 (pp. 127-130)

7 Reconstituez l'itinéraire sentimental qui mène de la première rencontre à la demande en mariage, et du premier courrier à la composition du recueil.

8 Retrouvez dans les passages en vers l'écho des lieux et des états d'âme évoqués dans les deux chapitres précédents.

Écrire

Commentaire

9 En vous aidant des réponses à la question 3, rédigez un commentaire du portrait de Mathilde (pp. 118-119, l. 26-70) dans lequel vous distinguerez les éléments qui composent le portrait de la jeune fille des impressions diverses qu'il provoque chez le poète. Vous conclurez par une analyse du sentiment amoureux que suggère un tel portrait.

10 En vous aidant des réponses à la question 8, rédigez un commentaire du paysage des bords de la Scarpe (pp. 124-126, l. 45-86) dans lequel vous distinguerez l'évocation du paysage des impressions ambiguës qui lui sont associées. Vous tenterez de dégager pour conclure l'originalité d'une telle description.

À SAVOIR

PORTRAITS ET PAYSAGES : L'ART DE LA NUANCE

Dès les premières pages de *Confessions*, Verlaine avoue une vocation pour la peinture, liée à un talent particulier : « les yeux sur tout chez moi furent précoces ». La suite du texte donne force à cet aveu : portraits et paysages abondent, qu'on aurait tort de considérer comme des brouillons des poèmes à venir. Ce serait négliger la distance entre l'aveu et la révélation d'un penchant naturel à rechercher « je ne sais quoi du blanc, du gris, des nuances, peut-être ». Révélation capitale. On avait cru différencier les portraits de groupe, toujours en mouvement, des portraits fixes des individus. Or la distinction est dans le trait et la palette : le défilé militaire est haut en couleurs, celles de la République « enluminées » pour toujours dans la mémoire historique. Même précision du trait dans le portrait historique de Sainte-Beuve en « pape hétéroclite ». Fidélité d'une mémoire photographique bien différente des visions fantasmées des pénitents « en robes [...] la plupart du temps blanches », et de la jeune fille en « robe grise et verte », à la bouche « rose plutôt que rouge », et aux yeux « gris ». Cette palette là est celle de l'intime, et de la nuance, qui n'est pas synonyme de flou, mais de précision. Un même contraste se retrouve dans les descriptions : de l'église au bordel, ce ne sont que couleurs clinquantes ou violemment contrastées (« velours grenat » contre « paille multicolore » ; « salon rouge et or » ; « lumière dure » sur « tables noires »). Quant à la cathédrale de Metz, elle se « profile » nettement sur un « ciel violet ». Bien différents sont les paysages qui surgissent à la fenêtre ou à la portière des fiacres et des trains, ou simplement défilent tout au long d'une promenade à pied. Troncs d'arbres ou poteaux télégraphiques, becs de gaz ou mâts de bateau sont autant de lignes noires, quadrillant des pays « plats d'aspect » sous des « ciels ternes », surplombant des herbes... « grises ». Autant de variations ultimes sur la « chanson grise » : « Où l'Indécis au Précis se joint ».

Chercher

11 Feuilletez un catalogue du musée d'Orsay. Sélectionnez une reproduction de tableau vous semblant correspondre aux « tableaux » verlainiens.

Oral

12 Faites un exposé d'une dizaine de minutes pour présenter et justifier les choix picturaux (Étape 6, question 10) suivis d'un court débat.

DE LA VOLUPTÉ : LE TEMPS DES FIANÇAILLES

Lire

Chapitre 9 (pp. 136-141)

1 L. 1-131 : Précisez la valeur des imparfaits du premier paragraphe. Trouvez un synonyme de « froidement » (l. 17), « vivacité » (l. 24) et « tout-à-la-joie » (l. 25). Notez les marques d'atténuation (l. 30-52). Quel effet produisent les allitérations (l. 46-52) ? Quelle est l'utilité du portrait de Sainte-Beuve à ce moment du récit (l. 53-131) ? Qui est « le grand homme » des lignes 114-115 ? Interprétez la chute (l. 131).

Chapitre 10 (pp. 142-151)

2 L. 1-42 : Recensez les membres du Parnasse contemporain.

3 L. 47-155 : À quel nom faut-il accorder « veuves » et « moroses » (l. 57-58) ? Quels sont les éléments « remarquables » du décor (l. 69-155) ? Quelle métamorphose a subi le corps de Mathilde ? Quels sentiments éprouve le poète au chevet de sa fiancée malade ?

4 L. 156-224 : Quelles qualités Verlaine attribue-t-il à la mère de Mathilde. Quel champ lexical donne sa tonalité à la fin du chapitre ?

Chapitre 11 (pp. 152-157)

5 Résumez d'un mot l'état d'esprit du fiancé après plusieurs semaines de « cour ».

Chapitre 12 (pp. 158-163)

6 Quel rôle joue cette « halte au champ » dans la dynamique du récit ? Isolez dans le dernier paragraphe (pp. 162-163) une phrase exprimant simultanément le climat du moment et l'état d'âme du poète.

Chapitre 13 (pp. 164-170)

7 Soulignez les indices temporels de la montée des périls. Quels éléments biographiques viennent compléter l'autoportrait de Verlaine ?

Écrire

Écrit d'invention

8 Rédigez une courte nouvelle (quatre pages maximum) ayant pour ressort dramatique un désir contrarié : vous devrez au début exposer clairement ce que désire votre personnage, puis disposer les obstacles de manière progressive. Vous terminerez par une chute, heureuse ou malheureuse, pour le personnage.

Oral

9 Lisez et comparez des images de la femme dans la poésie de Baudelaire (« Réversibilité »), Verlaine (« Mon Rêve familier » ; « Chansons pour Elle ») et Laforgue (« Notre petite compagne »).

À SAVOIR

RÊVE DE FEMME : UN MOTIF POÉTIQUE RECURRENT

Deux figures féminines émergent de *Confessions* : la mère et la fiancée, ce qui ne saurait surprendre dans un récit autobiographique dont l'un des thèmes est l'éducation sentimentale. Mathilde Mauté y occupe une place centrale, entre les femmes individualisées qui se distinguent de « la Femme » (p. 104) au sens générique, et des « filles » (p. 123) associées à la boisson dans l'inventaire que Verlaine fait de ses vices. Une interprétation psychologique du dispositif narratif en déduirait une ambivalence de l'image féminine, tantôt sainte et chaste, tantôt tentatrice et infernale. Entre Enfer et Paradis se situerait la figure de l'ange qui permettrait d'échapper aux gouffres et d'atteindre l'idéal. Mais Verlaine n'est pas Baudelaire. Le texte de *Confessions* le précise, tant du point de vue du regard que du motif regardé : « La » femme est une réalité poétique. Un examen attentif du lexique et de la syntaxe efface les contours des premiers schémas. « J'honorais fort cette Sainte-là » s'exclame Verlaine à propos de « la Femme », connue pour la première fois sous les traits indécis d'une « beauté en peignoir rose », à laquelle fait écho « la jeune fille dans la gloire rose de sa mystérieuse candeur ». « Mystérieuse », et surtout « agaçante » si l'on en croit les aveux des chapitres 9 à 14 et le récit de la première idylle. Toutes les « élues » du poète semblent donc être d'abord des « élues de [ses] sens » (vers pp. 159-161). Et c'est encore la chair (souffrante) qu'apaisent « étreintes » et « baisers » de la mère, comme les « ô oui, inoubliables caresses de tant de femmes, pour ne parler que de ce délice-là ». Ce « délice-là » précise l'image jusqu'alors indécise de la femme : « ni tout à fait la même, ni tout à fait une autre », ses mains sont toujours « rafraîchissantes, ô combien ! », celles de la mère au chevet de l'enfant malade, comme celles du « Rêve Familier » (1866) qui préexiste à l'apparition de Mathilde (1869) doublement rêvée : une fois pour toutes, comme en songe, dans la robe « grise et verte » qu'elle portait la première fois, et à jamais disparue de la vie de l'éternel « veuf ».

Chercher

10 Lisez la nouvelle de Barbey d'Aurevilly (1808-1889) « Le plus bel amour de Don Juan » in *Les Diaboliques* (1874).

« DÉBUT DU MARIAGE EN TEMPS DE GUERRE » : DE L'ORDRE À L'INSURRECTION

Lire

Chapitre 14 (pp. 171-176)

1 L. 1-127 : Sur quoi repose le suspense de la scène ? Que représente la « chose complémentaire » (l. 38-39) ? Qu'est-ce qui occupe le plus de place dans le récit du mariage (l. 54-127) ? Quels sentiments éprouve Verlaine ?

Chapitre 15 (pp. 177-181)

2 L. 1-113 : Sur quoi repose le bonheur du jeune couple ? Combien de temps dure-t-il ? Quelles sont les idées politiques de chacun des époux (l. 1-55) ? Notez la progression des discordances qui mènent à la première claque (l. 56-113). Trouvez un synonyme de « *vitesse acquise* » (l. 112) et de « cas... de conscience » (l. 113).

Chapitre 16 (pp. 182-186)

3 L. 1-51 : Comparez avec le premier paragraphe du chapitre précédent. Interprétez les différences. Justifiez le plus-que-parfait de la ligne 15 et les articulations logiques de la phrase suivante (l. 15-40).

4 L. 52-114 : En quoi consiste exactement le travail de Verlaine à l'Hôtel de Ville (voir aussi p. 165).

Chapitre 17 (pp. 187-192)

5 L. 1-42 : Cherchez les articulations du récit. Quelle est la tonalité de ce passage ?

6 L. 43-112 : Interprétez « naturellement » (l. 43) ; « précautions » (l. 46) ; « défaite » (l. 49) ; « me contrariait un peu » (l. 54). Distinguez dans le récit de Verlaine les faits historiques (question 10) de l'effet produit sur le témoin. Interprétez l'oxymore (l. 75), la périphrase (l. 87) et les qualificatifs d'« invasion » (l. 79). Justifiez le passage au style direct dans le discours rapporté (l. 96-99). Que représente « on » à la ligne 102 ? Quelle est la valeur des points de suspension (l. 112) ?

7 L. 113-139 : Faites la part de ce qui relève de la conclusion et d'une transition éventuelle vers une suite.

Écrire

Écrits d'argumentation

8 « L'ensemble de mon œuvre [...] témoigne assez [...] de beaucoup de défauts, de vices même, et d'encore plus de malchance, plus ou moins dignement supportée. » Partagez-vous ce jugement de Verlaine sur son œuvre ? Appuyez votre propre jugement sur des citations précises, extraites de *Confessions*.

9 « On est fier quand on se compare. » Discutez la « morale » que Verlaine emprunte à Rousseau pour conclure ses notes autobiographiques.

Chercher

10 Confrontez des documents historiques relatifs à la Commune de Paris, avec le récit des pages 189-191.

11 Recherchez des documents sur Courbet, Vallès et Louise Michel. Croisez-les et dégagez-en matière pour un exposé personnel (une dizaine de minutes).

12 Recherchez dans le préambule des *Confessions* de Rousseau et au début du chapitre 10 de celles de saint Augustin, l'origine des références de Verlaine.

Oral

13 Exposez et lisez des documents d'époque (articles extraits du *Cri du peuple*, par exemple).

À SAVOIR

LE PACTE AUTOBIOGRAPHIQUE : LA TENTATION DU ROMANESQUE

La double référence à Rousseau et à saint Augustin qui clôt le texte de *Confessions* confirme le respect du « pacte autobiographique » tant du point de vue de l'énonciation (identité de l'auteur, du narrateur et du personnage) que de l'énoncé (récit rétrospectif d'une histoire personnelle). Mais il s'en faut de peu pour que la distance (ironique) entre le « je/auteur » et le « je/narrateur » ne transforme le « je/personnage » en héros autonome d'un roman de formation. Le même phénomène s'observe chez Rousseau qui, malgré une déclaration d'intention farouche – « montrer un homme dans toute la vérité de la nature, et cet homme ce sera moi. Moi, seul. » –, ne résiste pas longtemps à se mettre en scène comme un aventurier. Un siècle plus tard, le roman d'aventures a cédé la place au roman réaliste, voire naturaliste, contemporain de l'œuvre de Verlaine, auteur de plusieurs romans qu'il cite dans *Confessions*. Leur contenu fictionnel (personnages, situations) est très proche du contenu historique de *Confessions* dont le caractère romanesque tient d'abord au cadre spatio-temporel, soigneusement délimité, pour servir de cadre à l'action : repères chronologiques et géographie détaillée font surgir un tableau de la France au Second Empire, proche de celui que l'on trouve dans certains romans de Zola et de Maupassant, ainsi que dans la peinture moderne de l'époque (Étape 7). Quant aux aventures du petit Paul (avec le scorpion et les sangsues), celles de l'adolescent au lycée (expériences sexuelles et poétiques), puis du jeune fonctionnaire de l'Hôtel de Ville (premiers émois amoureux et révolutionnaires), elles constituent le canevas-type d'un roman de mœurs. Le caractère atypique du personnage central (petit bourgeois et poète en même temps), ne peut que renforcer l'illusion romanesque.

BILAN DE LECTURE : UNE VIE, UNE ŒUVRE, UNE VOIX

Lire

1 Reformulez les titres donnés aux étapes 2 à 9, de façon à présenter Paul Verlaine comme un personnage de roman.

2 Étudiez les figures masculines du texte : le père (I, 1, 4, 8 ; II, 2) ; l'oncle Victor (I, 7, 8) ; les compagnons (I, 7, 13 ; II, 17) ; les poètes (I, 14 ; II, 10).

3 Faites une lecture des épisodes relatant une expérience liée à la mort (accidents, maladies, décès). Rapprochez ces expériences de l'expérience de la boisson (I, 2, 3, 6, 11, 15, 16, 17...).

4 Faites le même travail pour les expériences sexuelles (I, 11, 12, 15 ; II, 2, 3, 6, 8 à 17). Mettez-les en relation avec l'expérience de la mort et les expériences poétiques.

5 Reformulez les titres des étapes 2 à 9. Proposez un classement qui fasse apparaître les différents aspects de l'œuvre verlainienne. Confrontez avec le résultat de vos recherches (Étape 7, question 7 ; Étape 6, question 9 ; Étape 5, question 8).

6 À la lumière de vos lectures poétiques périphériques, quelles clés d'interprétation vous semblent contenir les *Confessions* ?

7 Lisez le groupement de textes intitulé « L'écriture ou la vie » (pp. 214-227). Dégagez les grandes lignes du genre littéraire tel qu'il vous est apparu à l'issue de votre lecture approfondie.

Écrire

Écrit d'argumentation

8 Rédigez votre propre article critique sur Paul Verlaine. Utilisez votre travail personnel, les propositions de lecture et le texte critique de Huysmans (pp. 217-219).

Chercher

9 Dans la table des matières des *Œuvres poétiques complètes* de Verlaine, ou dans la liste des incipit et des titres, choisissez quelques poèmes... en fonction de votre état d'âme du jour.

Oral

10 Présentez, sous formes d'exposés ordonnés, des réponses aux questions « Lire » et « Chercher ».

11 Discutez le texte critique de Huysmans sur Verlaine (pp. 217-219).

À SAVOIR

DE L'ANALYSE À LA CRITIQUE : VERS UNE ESTHÉTIQUE DE LA RÉCEPTION

Tout lecteur se fait critique en fin d'analyse, et ce faisant, se livre à une pratique indissociable de la création. Cette activité critique est devenue, avec le développement des sciences humaines, un « genre » littéraire en soi. On peut dater la naissance de la critique, en tant que genre autonome, de la publication des *Causeries du lundi* (1851-1862) de Sainte-Beuve. Sa méthode repose sur une approche « scientifique » de la littérature. Elle explique l'œuvre par un examen minutieux des documents historiques (manuscrits) et des symptômes psychologiques (maladies, névroses). C'est une critique externe. Appartiennent à ce courant les positivistes du XIXe siècle (Taine) et les marxistes du XXe (Goldmann, *Pour une sociologie du roman*), adeptes d'une méthode « globale » d'investigation (englobant le « groupe social conscient »). Cette approche marxiste – « socio-critique » – se combine parfois avec une approche psychanalytique existentielle, l'essai de Sartre sur Flaubert en est un exemple (*L'Idiot de la famille*). Les adversaires de ces méthodes, à commencer par Proust dans son *Contre Sainte-Beuve*, leur reprochent de « ne pas séparer l'homme et l'œuvre » et d'être victime de « l'illusion biographique ». En séparant l'œuvre de l'homme, en appliquant à l'œuvre les méthodes d'investigation – histoire (Georges Poulet, *Études sur le temps humain...)*, psychanalyse (Charles Mauron, *Des métaphores obsédantes au mythe personnel)* – appliquées à l'homme, les tenants de cette nouvelle critique s'attachent à révéler la spécificité d'un écrivain par l'analyse minutieuse de ses textes. L'essai de Starobinski sur Rousseau (*Jean-Jacques Rousseau, la transparence et l'obstacle)* est un parfait exemple de cette critique interne. À chaque méthode d'investigation, ses outils spécifiques : la critique interne s'est ainsi enrichie du développement des sciences du langage dont l'objet ne se limite ni à l'homme dans son contexte, ni à l'œuvre dans toute son épaisseur, mais aussi au lecteur-récepteur. Prenant sa source dans le courant structuraliste (Roland Barthes, *Sur Racine)*, la sémiostylistique d'aujourd'hui s'intéresse aux « modalités de réception » (Georges Molinié, *Sémiostylistique : l'effet de l'art)* de l'œuvre littéraire. De la réception « d'archive » (historique) à la réception « pathétique » (émotionnelle), et de la réception « pathétique » à la réception « impliquée » (active), autant d'approches qui peuvent se combiner en fonction des individus, des cultures, et même des moments de l'acte de lire.

L'ÉCRITURE OU LA VIE

L'Écriture ou la vie est le titre donné par Jorge Semprún (écrivain espagnol d'expression française) au récit de son « expérience de la mort » vécue à Buchenwald, « expérience vécue » mais, écrit-il, « pas partageable », et qu'il aura tu un demi-siècle avant de pouvoir « fabriquer de la vie avec toute cette mort ». Expérience limite, mais problématique commune à toute littérature intime : l'expérience de la honte (infligée ou subie), de la souffrance et de la mort est souvent donnée comme motivation à l'écriture des textes autobiographiques (textes de Canetti, Levi et Ernaux). Pourtant, l'expérience individuelle peut se retrouver attribuée à un personnage de roman (textes de Huysmans et Barthes) sans rien perdre de sa crédibilité. Le choix de l'énonciation ne suffit donc pas à faire basculer un récit autobiographique dans une fiction romanesque (textes de Huysmans et Barthes) et l'on a vu avec les *Confessions* de Verlaine que « JE » était aussi un masque. La temporalité est plus révélatrice : l'autobiographie, plus clairement que le roman, permet la saisie simultanée du passé vécu – du moment présent de l'écriture – et du futur de la lecture, implicitement contenu (ou pressenti) dans les « temps » précédents. Écrire, c'est donc bien survivre puisque c'est faire échec au temps, c'est-à-dire à la mort.

Philippe Lejeune (né en 1938)

Le Pacte autobiographique (1975)

Considéré depuis près de trente ans (1975) comme l'essai fondateur du « genre » autobiographique, *Le Pacte autobiographique* de Philippe Lejeune fut en effet le premier à proposer une théorie fondée sur une analyse rigoureuse des textes, permettant une interprétation pertinente d'œuvres dont il propose une nouvelle lecture : Gide, Leiris, Sartre et bien entendu Rousseau :

Textuellement, je pars de la position du lecteur : il ne s'agit ni de partir de l'intériorité d'un auteur qui justement fait problème, ni de dresser les canons d'un genre littéraire. En partant de la situation de lecteur (qui est la mienne, la seule que je connaisse bien), j'ai chance de saisir plus clairement le fonctionnement des textes (leurs différences de fonctionnement) puisqu'ils ont été écrits pour nous, lecteurs, et qu'en les lisant, c'est nous qui les faisons fonctionner. C'est donc par des séries d'oppositions entre les différents textes qui sont proposés à la lecture, que j'ai essayé de définir l'autobiographie.

Légèrement modifiée, la définition de l'autobiographie serait :

DÉFINITION : *Récit rétrospectif en prose qu'une personne réelle fait de sa propre existence, lorsqu'elle met l'accent sur sa vie individuelle, en particulier sur l'histoire de sa personnalité.*

La définition met en jeu des éléments appartenant à quatre catégories différentes :

1. *Forme du langage :*

a) récit

b) en prose.

2. *Sujet traité* : vie individuelle, histoire d'une personnalité.

3. *Situation de l'auteur* : identité de l'auteur (dont le nom renvoie à une personne réelle) et du narrateur.

4. *Position du narrateur* :

a) identité du narrateur et du personnage principal,

b) perspective rétrospective du récit.

Est une autobiographie toute œuvre qui remplit à la fois les conditions indiquées dans chacune des catégories. Les genres voisins de l'autobiographie ne remplissent pas toutes ces conditions. Voici la liste de ces conditions non remplies selon les genres :

– mémoires : (2),

– biographie : (4 *a*),

– roman personnel : (3),

– poème autobiographique : (1 *b*),

– journal intime : (4 *b*),

– autoportrait ou essai : (1 *a* et 4 *b*).

Il est évident que les différentes catégories sont inégalement contraignantes : certaines conditions peuvent être remplies pour la plus grande partie sans l'être totalement. […]

En revanche, deux conditions sont affaire de tout ou rien, et ce sont bien sûr les conditions qui opposent l'autobiographie (mais en même temps les autres formes de littérature intime) à la biographie et au roman personnel : ce sont les conditions (3) et (4 *a*). Ici, il n'y a ni transition ni latitude. Une identité est, ou n'est pas. Il n'y a pas de degré possible, et tout doute entraîne une conclusion négative.

Pour qu'il y ait autobiographie (et plus généralement littérature intime), il faut qu'il y ait identité de l'*auteur*, du *narrateur* et du *personnage*. Mais cette « identité » soulève de nombreux problèmes, que j'essaierai, sinon de résoudre, du moins de formuler clairement, dans les essais suivants :

– Comment peut s'exprimer l'identité du narrateur et du personnage dans le texte ? *(Je, Tu, Il.)*

– Dans le cas du récit « à la première personne », comment se manifeste l'identité de l'auteur et du personnage-narrateur ? *(Je soussigné.)* Ce sera l'occasion d'opposer l'autobiographie au roman.

– N'y a-t-il pas confusion, dans la plupart des raisonnements touchant l'autobiographie, entre la notion d'identité et celle de ressemblance ? *(Copie conforme.)* Ce sera l'occasion d'opposer l'autobiographie à la biographie.

Philippe Lejeune, *Le Pacte autobiographique*, Éditions du Seuil.

Joris-Karl Huysmans (1848-1907)

À rebours (1884)

Joris-Karl Huysmans (né et mort à Paris) est l'exact contemporain de Verlaine, et comme lui, un admirateur fervent de l'Art moderne de son temps. Son œuvre romanesque est l'une des plus représentatives du mouvement « décadent », défini par Verlaine dans ses conférences (à partir de 1892). Dans son roman *À rebours* publié la même année que le recueil de Verlaine, *Jadis et Naguère* (1884), Huysmans prête à son personnage, le duc Des Esseintes, ses propres névroses et théories philosophiques. Dans le chapitre XIV, consacré aux lectures de Des Esseintes, Huysmans à travers son personnage fait l'éloge de Flaubert, Zola, Baudelaire et d'un poète « original, [...] tranchant sur la multitude de ses confrères » : Paul Verlaine.

Aussi, forcément, après les maîtres, s'adressait-il à quelques écrivains que lui rendait encore plus propices et plus chers, le mépris dans lequel les tenait un public incapable de les comprendre.

L'un d'eux, Paul Verlaine, avait jadis débuté par un volume de vers, *les Poèmes Saturniens*, un volume presque débile, ou se coudoyaient des pastiches de Leconte de Lisle et des exercices de rhétorique romantique, mais où filtrait déjà, au travers de certaines pièces, telles que le sonnet intitulé « Rêve familier », la réelle personnalité du poète.

À chercher ses antécédents, des Esseintes retrouvait sous les incertitudes des esquisses, un talent déjà profondément imbibé de Baudelaire, dont l'influence s'était plus tard mieux accentuée sans que néanmoins la sportule[1], consentie par l'indéfectible maître, fût flagrante.

Puis, d'aucuns de ses livres, *la Bonne Chanson*, *les Fêtes galantes*, *Romances sans paroles*, enfin son dernier volume, *Sagesse*, renfermaient des poèmes où l'écrivain original se révélait, tranchant sur la multitude de ses confrères.

Muni de rimes obtenues par des temps de verbes, quelquefois même par de longs adverbes précédés d'un monosyllabe d'où ils tombaient comme du rebord d'une pierre, en une cascade pesante d'eau, son vers, coupé par d'invraisemblables césures, devenait souvent singulièrement abstrus, avec ses ellipses audacieuses et ses étranges incorrections qui n'étaient point cependant sans grâce.

Maniant mieux que pas un la métrique, il avait tenté de rajeunir les poèmes à forme fixe : le sonnet qu'il retournait, la queue en l'air, de même que certains poissons japonais en terre polychrome qui posent sur leur socle, les ouïes en bas ; ou bien il le dépravait, en n'accouplant que des rimes masculines pour lesquelles il semblait éprouver une affection ; il avait également et souvent usé d'une forme bizarre, d'une strophe de trois vers dont le médian restait privé de rime, et d'un tercet, monorime, suivi d'un unique vers, jeté en guise de refrain et se faisant écho avec lui-même tels que les *streets* : « Dansons la Gigue » ; il avait employé d'autres rythmes encore où le timbre presque effacé ne s'entendait plus que dans des strophes lointaines, comme un son éteint de cloche.

1. Don du maître à l'ouvrier.

Mais sa personnalité résidait surtout en ceci : qu'il avait pu exprimer de vagues et délicieuses confidences, à mi-voix, au crépuscule. Seul, il avait pu laisser deviner certains au-delà troublants d'âme, des chuchotements si bas de pensées, des aveux si murmurés, si interrompus, que l'oreille qui les percevait demeurait hésitante, coulant à l'âme des langueurs avivées par le mystère de ce souffle plus deviné que senti.

Elias Canetti (1905-1994)

Histoire d'une vie (1982)

Prix Nobel de Littérature en 1981, Elias Canetti est né en Bulgarie et mort en Suisse. Il a étudié à Francfort, vécu à Vienne, puis Berlin, et opté pour la nationalité britannique après avoir émigré à Londres (1938). Écrivain de langue allemande, Canetti est l'auteur d'une œuvre autobiographique extraordinairement riche, qu'on envisage son aspect historique (La Mittel Europa d'avant Hitler), philosophique (misère et grandeur de l'homme) ou esthétique (portraits d'artistes). L'intérêt de cette œuvre dépasse l'attrait du témoignage et permet de cerner les rapports entre l'écriture et la vie et d'affirmer la nécessité d'écrire pour survivre dignement. La scène qui suit a pour contexte le climat inflationniste des années 20 à Francfort. Le jeune Canetti (16 ans) vit avec sa mère et ses frères à la pension Charlotte, dans une relative opulence. Il se dit tourmenté alors par un sentiment de culpabilité devant une misère, vue, mais non partagée.

Une femme s'était évanouie dans la rue et s'était effondrée. Les gens qui l'avaient aidée à se relever avaient parlé de faim, elle était effroyablement pâle, elle avait l'air rongée par les soucis et les autres passaient leur chemin sans se préoccuper d'elle. « Et toi, est-ce que tu es resté ? » demanda ma mère d'un ton sec : il lui fallait bien dire quelque chose sur cette affaire. Et c'était vrai, j'étais revenu à la maison, j'étais à ce moment assis avec elle et mes frères autour de la table à laquelle nous avions l'habitude de prendre notre thé. La tasse de thé était devant moi, il y avait du pain beurré dans mon assiette, je n'y avais pas encore mordu, mais je m'étais assis comme chaque jour à cette table et je n'avais commencé à parler qu'une fois assis.

Ce que j'avais vu ce jour-là n'était pas habituel, c'était la première fois de ma vie que quelqu'un s'évanouissait sous mes yeux dans la rue et tombait de faim et de faiblesse. Cela m'avait si profondément ébranlé que j'étais entré dans la pièce sans dire un mot et j'avais pris ma place à la table toujours sans parler. La vue du pain beurré et tout particulièrement du pot de miel au milieu de la table m'avait délié la langue et je commençai à parler un peu. Elle vit très rapidement ce qu'il y avait de ridicule dans la situation, mais elle réagit avec trop de vivacité, selon son habitude. Si elle avait attendu un peu, par exemple que je prenne la tartine, que j'y morde et même que j'y mette du miel, ses sarcasmes, nourris du ridicule de ma situation, m'eussent anéanti. Une fois de plus cependant, elle ne prit pas la chose suffisamment au sérieux ; puisque de toute manière, j'étais assis à la table, peut-être pensa-t-elle que le déroulement habituel du thé serait respecté. Elle avait par trop confiance dans le rituel instauré et elle s'en servit comme d'une arme pour m'abattre le plus rapidement possible : que l'image de la faim et de l'évanouissement vînt perturber notre thé lui était désagréable, rien de plus, seulement désagréable, et elle sous-estimait donc, par absence de sympathie, le sérieux de mon état d'esprit. Je frappai des deux mains sur le bord de la table, le thé déborda des tasses, je dis : « Je ne resterai pas ici plus longtemps » et je me précipitai dehors.

Je dévalai les marches de l'escalier, je me précipitai sur mon vélo et, dans mon désespoir, je parcourus les rues de notre quartier aussi vite que

possible, de manière absurde, sans savoir ce que je voulais – qu'aurais-je pu vouloir en effet ? – mais empli d'une haine profonde contre ce thé et je ne cessais pas de voir devant moi ce petit pot de miel que je continuais de maudire dans un débordement d'amertume. Si seulement je l'avais jeté par la fenêtre ! Dans la rue ! Pas dans la cour ! Le geste n'aurait eu de sens que s'il s'était cassé dans la rue sous les yeux de tous, car alors tout le monde aurait su qu'il y avait là des gens qui mangeaient du miel pendant que d'autres mouraient de faim. Et je n'en avais rien fait !

Elias Canetti, *Histoire d'une vie*, Éditions Albin Michel.

Primo Levi (1919-1987)

Si c'est un homme (1958)

Dire l'indicible. Tel est souvent le but avoué des « confessions » littéraires. L'auteur se déculpabilise, en les avouant, de ses offenses morale, religieuse, sociale ou personnelle. Après l'holocauste, « l'indicible » a changé de nature et le récit de Primo Levi, écrivain italien déporté à Auschwitz en 1944, donne un sens littéral à l'alternative : l'écriture ou la vie. Parce que « le sentiment de notre existence dépend pour une bonne part du regard que les autres portent sur nous », le premier devoir des « hommes » traités en « objets » est de « rester vivants, pour ne pas commencer à mourir ». Et, « survivant », de raconter et dire ce qu'on croyait ne pouvoir « dire à personne ».

Je dois l'avouer : au bout d'une semaine de captivité, le sens de la propreté m'a complètement abandonné. Me voilà traînant les pieds en direction des robinets, lorsque je tombe sur l'ami Steinlauf, torse nu, occupé à frotter son cou et ses épaules de quinquagénaire sans grand résultat (il

n'a pas de savon) mais avec une extrême énergie. Steinlauf m'aperçoit, me dit bonjour et de but en blanc me demande sévèrement pourquoi je ne me lave pas. Et pourquoi devrais-je me laver ? Est-ce que par hasard je m'en trouverais mieux ? Est-ce que je plairais davantage à quelqu'un ? Est-ce que je vivrais un jour, une heure de plus ? Mais pas du tout, je vivrais moins longtemps parce que se laver représente un effort, une dépense inutile de chaleur et d'énergie. Est-ce que par hasard Steinlauf aurait oublié qu'au bout d'une demi-heure passée à décharger des sacs de charbon, il n'y aura plus aucune différence entre lui et moi ? Plus j'y pense et plus je me dis que se laver la figure dans des conditions pareilles est une activité absurde, sinon frivole : une habitude machinale ou, pis encore, la lugubre répétition d'un rite révolu. Nous mourrons tous, nous allons mourir bientôt : s'il me reste dix minutes entre le lever et le travail, j'ai mieux à faire, je veux rentrer en moi-même, faire le point, ou regarder le ciel et me dire que je le vois peut-être pour la dernière fois ; ou même, simplement, me laisser vivre, m'accorder le luxe d'un minuscule moment de loisir.

Mais Steinlauf me rabroue. Sa toilette terminée, le voilà maintenant en train de s'essuyer avec la veste de toile qu'il tenait jusque-là roulée en boule entre ses genoux et qu'il enfilera ensuite, et sans interrompre l'opération il entreprend de me donner une leçon en règle.

Je ne me souviens plus aujourd'hui, et je le regrette, des mots clairs et directs de Steinlauf, l'ex-sergent de l'armée austro-hongroise, croix de fer de la guerre de 14-18. Je le regrette, parce qu'il me faudra traduire son italien rudimentaire et son discours si clair de brave soldat dans mon langage d'homme incrédule. Mais le sens de ses paroles, je l'ai retenu pour toujours : c'est justement, disait-il, parce que le Lager est une monstrueuse machine à fabriquer des bêtes, que nous ne devons pas devenir des bêtes ; puisque même ici il est possible de survivre, nous devons vouloir survivre, pour raconter, pour témoigner ; et pour vivre, il est important de sauver au moins l'ossature, la charpente, la forme de la civilisation. Nous sommes des esclaves, certes, privés de tout droit, en butte à toutes les humiliations, voués à une mort presque certaine, mais il nous reste encore une ressource et nous devons la défendre avec acharnement parce que c'est la dernière : refuser notre consentement. Aussi est-ce pour nous un devoir envers nous-mêmes que de nous laver le visage sans savon, dans de l'eau sale, et de nous essuyer avec notre veste. Un devoir, de cirer nos souliers, non certes parce que c'est écrit dans le règlement, mais par dignité et par propriété. Un devoir enfin de nous tenir droits et de ne pas traîner nos sabots, non pas pour rendre hommage à la discipline prussienne, mais pour rester vivants, pour ne pas commencer à mourir.

Primo Levi, *Si c'est un homme*, Éditions Julliard.

Annie Ernaux (née en 1940)

La Honte (1997)

Prix Renaudot pour son roman *La Place* (1983), Annie Ernaux a progressivement abandonné les fictions romanesques de ses débuts (*Les Armoires vides*, 1974) pour des récits autobiographiques de plus en plus intimes : *Passion simple* (1991), *L'événement* (1997), récits suivis de la publication de ses journaux intimes, *Journal du dehors* (1993) et *La vie extérieure* (2000), tenus au moment des faits. L'écart entre les journaux intimes et les récits autobiographiques souligne le travail d'écriture (composition, temporalité, énonciation), travail sensible dans les dernières pages de *La Honte* qui transforme en « scène pour les autres » la scène traumatisante de l'humiliation vécue.

Vers la fin du mois, j'ai souffert d'une dent cariée et ma mère m'a emmenée pour la première fois chez le dentiste, à Y. Avant de m'envoyer un jet d'eau froide sur la gencive pour la piqûre, il m'a demandé, « ça te fait mal quand tu bois du cidre ? ». C'était la boisson de table des ouvriers et des gens de la campagne, adultes et enfants. À la maison, je buvais de l'eau comme les pensionnaires de l'école privée, quelquefois additionnée de grenadine. (Aucune phrase signifiant notre place dans la société ne m'échappait donc plus ?)

À la rentrée, nous faisions, à deux ou trois filles, le ménage de la classe, un samedi après la fin des cours, en compagnie de Mme B., le professeur de sixième. Dans la familiarité des chiffons à poussière, j'ai entonné une chanson d'amour, *Boléro*, à pleine voix, puis je me suis arrêtée. J'ai refusé de poursuivre, comme m'y invitait Mme B., de manière pressante. Persuadée qu'elle attendait que je dévoile ma vulgarité pour la dénoncer avec violence.

Inutile de continuer. La honte n'est que répétition et accumulation.

Tout de notre existence est devenu signe de honte. La pissotière dans la cour, la chambre commune – où, selon une habitude répandue dans notre milieu et due au manque d'espace, je dormais avec mes parents –, les gifles et les gros mots de ma mère, les clients ivres et les familles qui achetaient à crédit. À elle seule, la connaissance précise que j'avais des degrés de l'ivresse et des fins de mois au corned-beef marquait mon appartenance à une classe vis-à-vis de laquelle l'école privée ne manifestait qu'ignorance et dédain.

Il était normal d'avoir honte, comme d'une conséquence inscrite dans le métier de mes parents, leurs difficultés d'argent, leur passé d'ouvriers, notre façon d'être. Dans la scène du dimanche de juin. La honte est devenue un mode de vie pour moi. À la limite je ne la percevais même plus, elle était dans le corps même.

J'ai toujours eu envie d'écrire des livres dont il me soit ensuite impossible de parler, qui rendent le regard d'autrui insoutenable. Mais quelle honte pourrait m'apporter l'écriture d'un livre qui soit à la hauteur de ce que j'ai éprouvé dans ma douzième année.

L'été 96 s'achève. Quand j'ai commencé de penser à ce texte, un obus de mortier est tombé sur le marché de Sarajevo, tuant plusieurs dizaines de personnes, en blessant des centaines. Dans les journaux, certains écrivaient, « la honte nous étreint ». Pour eux, la honte était une idée qu'on pouvait avoir un jour et abandonner le lendemain, appliquer dans une situation (la Bosnie), et pas dans une autre (le Rwanda). Tout le monde a déjà oublié le sang du marché de Sarajevo.

Durant les mois où j'ai écrit ce livre, j'étais tout de suite alertée par les faits, quels qu'ils soient – sortie d'un film, d'un livre, mort d'un artiste, etc. –, dont on signalait qu'ils s'étaient passés en 1952. Il me semblait qu'ils certifiaient la réalité de cette année lointaine et de mon être d'enfant. Dans un livre de Shohei Ooka, *Les Feux*, paru au Japon en 1952, je lis : « Tout ceci n'est peut-être qu'une illusion mais je ne puis mettre en doute ce que j'ai ressenti. Le souvenir aussi est une expérience. »

Annie Ernaux, *La Honte*, Éditions Gallimard.

Roland Barthes (1915-1980)

Roland Barthes par lui-même (1975)

Roland Barthes a consacré sa vie à une réflexion sur l'écriture qui le conduisit de la socio-critique à la sémiologie, en passant par la linguistique structurale. Si ses recherches croisent celles de la « nouvelle critique » (Étape 10), ses écrits constituent une curieuse autobiographie dans laquelle l'interrogation sur l'objet-livre croise celle sur le sujet lisant (ou écrivant). Ainsi, dans ces deux fragments, le critique Roland Barthes souligne « la nécessité de renouveler les genres » et l'auteur Roland Barthes avoue son impuissance à tout dire : « ce que j'écris de moi n'en est jamais le dernier mot ».

Le livre du Moi

Ses « idées » ont quelque rapport avec la modernité, voire avec ce qu'on appelle l'avant-garde (le sujet, l'Histoire, le sexe, la langue) ; mais il résiste à ses idées : son « moi », concrétion[1] rationnelle, y résiste sans cesse. Quoiqu'il soit fait apparemment d'une suite d'« idées », ce livre n'est pas le livre de ses idées ; il est le livre du Moi, le livre de mes résistances à mes propres idées ; c'est un livre récessif (qui recule, mais aussi, peut-être, qui prend du recul).

Tout ceci doit être considéré comme dit par un personnage de roman – ou plutôt par plusieurs. Car l'imaginaire, matière fatale du roman et labyrinthe des redans[2] dans lesquels se fourvoie celui qui parle de lui-même, l'imaginaire est pris en charge par plusieurs masques (personae), échelonnés selon la profondeur de la scène (et cependant personne derrière). Le livre ne choisit pas, il fonctionne par alternance, il marche par bouffées d'imaginaire simple et d'accès critiques, mais ces accès eux-mêmes ne sont jamais que des effets de retentissement : pas de plus pur imaginaire que la critique (de soi). La substance de ce livre, finalement, est donc totalement romanesque. L'intrusion, dans le discours de l'essai, d'une troisième personne qui ne renvoie cependant à aucune créature fictive, marque la nécessité de remodeler les genres : que l'essai s'avoue *presque* un roman : un roman sans noms propres.

Lucidité

Ce livre n'est pas un livre de « confessions » ; non pas qu'il soit insincère, mais parce que nous avons aujourd'hui un savoir différent d'hier ; ce savoir peut se résumer ainsi : ce que j'écris de moi n'en est jamais le dernier mot : plus je suis « sincère », plus je suis interprétable, sous l'œil d'autres instances que celles des anciens auteurs, qui croyaient n'avoir à

---

1. Consistance, solidification.
2. Angles saillants que forment certaines fortifications (lexique architectural).

se soumettre qu'à une seule loi : *l'authenticité.* Ces instances sont l'Histoire, l'Idéologie, l'Inconscient. Ouverts (et comment feraient-ils autrement ?) sur ces différents avenirs, mes textes se déboîtent, aucun ne coiffe l'autre ; celui-ci n'est rien d'autre qu'un texte *en* plus, le dernier de la série, non l'ultime du sens : *texte sur texte,* cela n'éclaircit jamais rien.

Quel droit mon présent a-t-il de parler de mon passé ? Mon présent a-t-il barre sur mon passé ? Quelle « grâce » m'aurait éclairé ? seulement celle du temps qui passe, ou d'une bonne cause, rencontrée sur mon chemin ?

Roland Barthes, *Roland Barthes par lui-même*, Éditions du Seuil.

BIBLIOGRAPHIE

• Œuvres de Paul Verlaine

– *Œuvres poétiques complètes*, collection « Bouquins », Robert Laffont, 1992. Édition exhaustive présentée et établie par Yves-Alain Favre, professeur à l'université de Pau. Elle comporte une chronologie détaillée et un « dictionnaire » éclairant.

– *Œuvres en prose complètes*, « Bibliothèque de la Pléiade », Gallimard, 1972. Texte établi, présenté et annoté par Jacques Borel. Le volume contient les œuvres autobiographiques, notamment *Mes prisons, Mes hôpitaux, Mes Souvenirs de la Commune,* les œuvres critiques, dont *Les Poètes maudits* et *Les Hommes d'aujourd'hui*, ainsi que les œuvres d'imagination dont *Les Mémoires d'un veuf*, édité séparément dans la collection « L'imaginaire » par Gallimard.

• Études sur Paul Verlaine

– Nombreuses biographies. Celle d'Henri Troyat (1993) est accessible en livre de poche (1996).

– Iconographie commentée dans l'*Album Verlaine* de la « Bibliothèque de la Pléiade », Gallimard, 1981.

– Nombreuses éditions critiques des œuvres poétiques dont celle de Jacques Borel pour la « Bibliothèque de la Pléiade » et de Jacques Robichez pour les « Classiques » Garnier.

• Bibliographie complémentaire sur la littérature intime

– A. de Musset, *La Confession d'un enfant du siècle*, 1836.
– Stendhal, *Vie de Henry Brulard*, 1890.
– A. Gide, *Si le grain ne meurt*, 1920.
– J.-P. Sartre, *Les Mots*, 1964.
– N. Sarraute, *Enfance*, 1983.
– C. Pavese, *Le Métier de vivre*, 1952.
– F. Pessõa, *Le Livre de l'intranquillité*, 1982.
– J. Semprún, *L'Écriture ou la vie*, 1994.
– E. Canetti, *Histoire d'une jeunesse, la langue sauvée*, 1977.

Tous ces ouvrages sont accessibles en livre de poche.

DISCOGRAPHIE

– Nombreux enregistrements des poèmes de Verlaine mis en musique par Gabriel Fauré (1845-1924), parmi lesquels l'intégrale du recueil *La Bonne*

Chanson. Une référence parmi d'autres : Fauré – Mélodies – Barbara Hendricks, Michel d'Alberto, Emi Classics, 1989.
– Léo Ferré (1916-1993) a regroupé sur un album intitulé *Les Poètes* (Barclay, 1986), les poèmes de Baudelaire, Verlaine, Rimbaud et Aragon, qu'il a mis en musique et interprétés lui-même. Réédité par Universal, 2001.

VIDÉO

La collection « Palettes », éditée par les éditions Montparnasse (12 villa Cœur de Vey, Paris 14e) présente des documentaires pouvant être mis en relation avec l'art de Verlaine, étudié dans *Confessions* :
– *Rembrandt et l'autoportrait*
– *Les silences de Manet*
– *Un enterrement à Ornans de Courbet*

MUSÉES

– Pour l'ensemble de ses collections, exactement contemporaines de l'œuvre de Verlaine : Musée d'Orsay, 1 rue de la Légion d'Honneur, Paris 7e.
– Pour son aspect documentaire, l'appartement et l'atelier du peintre le plus représentatif du courant symboliste, très admiré des poètes parnassiens et des romanciers décadents :
Musée Gustave Moreau (1826-1898), 14 rue de la Rochefoucauld, Paris 9e.

INTERNET

• Sur le contexte historique de la Commune de Paris :
– http ://maurice.frankel.free.fr/LaCommune (site des Amis de la Commune de Paris).
– www.historia.presse.fr/data/thematique [actualité BD le *Cri du Peuple* par Vautrin (texte) et Tardi (dessin)].

• Sur la naissance de l'Art moderne :
– www.humanumnet.com/orsay/html/orsaypre.htm (parcours à travers les œuvres majeures du musée d'Orsay).
– http ://mac-texier.ircam.fr/ (Debussy, musicien représentatif du courant symboliste, a composé des musiques pour des poèmes de Verlaine et Mallarmé, et un drame de Maeterlinck).

Dans la collection

Classiques & Contemporains

1 **Mary Higgins Clark,** *La Nuit du renard*
2 **Victor Hugo,** *Claude Gueux*
3 **Stephen King,** *La Cadillac de Dolan*
4 **Pierre Loti,** *Le Roman d'un enfant*
5 **Christian Jacq,** *La Fiancée du Nil*
6 **Jules Renard,** *Poil de Carotte* (comédie en un acte), suivi de *La Bigote* (comédie en deux actes)
7 **Nicole Ciravégna,** *Les Tambours de la nuit*
8 **Sir Arthur Conan Doyle,** *Le Monde perdu*
9 **Poe, Gautier, Maupassant, Gogol,** *Nouvelles fantastiques*
10 **Philippe Delerm,** *L'Envol*
11 *La Farce de Maître Pierre Pathelin*
12 **Bruce Lowery,** *La Cicatrice*
13 **Alphonse Daudet,** *Contes choisis*
14 **Didier van Cauwelaert,** *Cheyenne*
15 **Honoré de Balzac,** *Sarrazine*
16 **Amélie Nothomb,** *Le Sabotage amoureux*
17 **Alfred Jarry,** *Ubu roi*
18 **Claude Klotz,** *Killer Kid*
19 **Molière,** *George Dandin*
20 **Didier Daeninckx,** *Cannibale*
21 **Prosper Mérimée,** *Tamango*
22 **Roger Vercel,** *Capitaine Conan*
23 **Alexandre Dumas,** *Le Bagnard de l'Opéra*
24 **Albert t'Serstevens,** *Taïa*
25 **Gaston Leroux,** *Le Mystère de la chambre jaune*
26 **Éric Boisset,** *Le Grimoire d'Arkandias*
27 **Robert Louis Stevenson,** *Le Cas étrange du Dr Jekyll et de M. Hyde*
28 **Vercors,** *Le Silence de la mer*
29 **Stendhal,** *Vanina Vanini*
30 **Patrick Cauvin,** *Menteur*

31 **Charles Perrault, Mme d'Aulnoy, etc.,** *Contes merveilleux*
32 **Jacques Lanzmann,** *Le Têtard*
33 **Honoré de Balzac,** *Les Secrets de la princesse de Cadignan*
34 **Fred Vargas,** *L'Homme à l'envers*
35 **Jules Verne,** *Sans dessus dessous*
36 **Léon Werth,** *33 Jours*
37 **Pierre Corneille,** *Le Menteur*
38 **Roy Lewis,** *Pourquoi j'ai mangé mon père*
39 **Charles Baudelaire,** *Les Fleurs du Mal*
40 **Yasmina Reza,** *« Art »*
41 **Émile Zola,** *Thérèse Raquin*
42 **Éric-Emmanuel Schmitt,** *Le Visiteur*
43 **Guy de Maupassant,** *Les deux Horla*
44 **H. G. Wells,** *L'Homme invisible*
45 **Alfred de Musset,** *Lorenzaccio*
46 **René Maran,** *Batouala*
47 **Paul Verlaine,** *Confessions*
48 **Voltaire,** *L'Ingénu*
49 **Sir Arthur Conan Doyle,** *Trois Aventures de Sherlock Holmes*
50 *Le Roman de Renart*
51 **Fred Uhlman,** *La lettre de Conrad*
52 **Molière,** *Le Malade imaginaire*
53 **Vercors,** *Zoo ou l'assassin philanthrope*
54 **Denis Diderot,** *Supplément au Voyage de Bougainville*
55 **Raymond Radiguet,** *Le Diable au corps*
56 **Gustave Flaubert,** *Lettres à Louise Colet*
57 **Éric-Emmanuel Schmitt,** *Monsieur Ibrahim et les fleurs du Coran*
58 **George Sand,** *Les Dames vertes*
59 **Anna Gavalda, Dino Buzzati, Julio Cortázar, Claude Bourgeyx, Fred Kassak, Pascal Mérigeau,** *Nouvelles à chute*
60 **Maupassant,** *Les Dimanches d'un bourgeois de Paris*
61 **Éric-Emmanuel Schmitt,** *La Nuit de Valognes*
62 **Molière,** *Dom Juan*
63 **Nina Berberova,** *Le Roseau révolté*
64 **Marivaux,** *La Colonie* suivi de *L'Île des esclaves*
65 **Italo Calvino,** *Le Vicomte pourfendu*

66 *Les Grands Textes fondateurs*

67 *Les Grands Textes du Moyen Âge et du* XVIe *siècle*

68 **Boris Vian,** *Les Fourmis*

69 *Contes populaires de Palestine*

70 **Albert Cossery,** *Les Hommes oubliés de Dieu*

71 **Kama Kamanda,** *Les Contes du Griot*

72 **Bernard Werber,** *Les Fourmis* (Tome 1)

73 **Bernard Werber,** *Les Fourmis* (Tome 2)

74 **Mary Higgins Clark,** *Le Billet gagnant et deux autres nouvelles*

75 *90 poèmes classiques et contemporains*

76 **Fred Vargas,** *Pars vite et reviens tard*

77 **Roald Dahl, Ray Bradbury, Jorge Luis Borges, Fredric Brown,** *Nouvelles à chute 2*

78 **Fred Vargas,** *L'Homme aux cercles bleus*

79 **Éric-Emmanuel Schmitt,** *Oscar et la dame rose*

80 **Zarko Petan,** *Le Procès du loup*

NOTES PERSONNELLES

NOTES PERSONNELLES

NOTES PERSONNELLES

NOTES PERSONNELLES

Couverture
Conception graphique : Marie-Astrid Bailly-Maître
Photo : © Roger-Viollet
Intérieur
Conception graphique : Marie-Astrid Bailly-Maître
Réalisation : Nord Compo, Villeneuve-d'Ascq

Aux termes du Code de la propriété intellectuelle, « toute reproduction ou représentation intégrale ou partielle de la présente publication, faite par quelque procédé que ce soit (reprographie, microfilmage, scannérisation, numérisation...) sans le consentement de l'auteur ou de ses ayants droit ou ayants cause, est illicite et constitue une contrefaçon sanctionnée par les articles L. 335-2 et suivants du Code de la propriété intellectuelle ».
L'autorisation d'effectuer des reproductions par reprographie doit être obtenue auprès du Centre français d'exploitation du droit de copie (C.F.C.) – 20, rue des Grands-Augustins – 75006 PARIS – Tél. : 01 44 07 47 70 – Fax : 01 46 34 67 19.

© Éditions Magnard, 2002 – Paris

www.magnard.fr

Aubin Imprimeur
LIGUGÉ, POITIERS

Achevé d'imprimer en juillet 2006
N° d'édition 2006/365 / N° d'impression L 70144
Dépôt légal juin 2002 / Imprimé en France